공주독립운동사

김진호 · 김형목 · 김은지 · 이성우 · 정을경 · 박성섭

학고재

독립운동 선열들의
헌신과 희생을 기리고자

일제강점기 35년은 우리 민족사 최대의 암흑기였습니다. 그 암흑과 질곡을 끊임없는 항쟁을 통해 이겨냈습니다. 덕분에 대한민국은 오늘날까지 번영의 길을 걸을 수 있었습니다. 그 바탕이 된 독립운동 선열들의 위대한 발자취에 삼가 머리 숙여 감사드립니다.

2019년, 3·1운동과 대한민국 임시정부 수립 100주년을 맞았습니다. 암흑의 역사를 뚫고 우리의 얼과 영토를 보전케 해준 독립운동가들의 헌신을 함께 되새겼습니다. 기성세대에게도 미래세대에게도 잊히지 않도록 하기 위해 이 책을 펴냅니다. 지역의 독립운동을 연구해온 저자분들의 노력에 감사드립니다.

우리는 어떻게 일제강점기라는 아픈 역사를 겪게 되었을까요? 우리 공주와도 깊은 관련이 있습니다. 갑오년 동학농민운동의 좌절이 그 것입니다. 공주는 1603년부터 충청관찰사가 주재한, 충청도(지금의 충남·북, 대전, 세종)의 도읍(都邑)이었습니다. 그래서 1894년에 동학농민군은 공주의 충청감영을 공략했습니다. 하지만 공주 효포와 우금티 전투에서 농민군이 참패를 당함으로써 반외세 대중운동의 큰 동력이 사라졌습니다. 이듬해 일제는 고종 왕비를 궁궐에서 참살하는 만행을 저지를 정도로 침략을 노골화했습니다. 결국 갑오년으로부터 불과 10년 후 을사늑약으로 조선은 일본의 사실상 속국이 되고 말았습니다.

일제의 야만적인 한반도 병탄에 우리 민족의 저항이 거세게 일어났습니다. 공주도 예외가 아니었습니다. 의병을 일으켜 을사늑약의 무효화와 외세 축출을 외치며 신분 차이를 뛰어넘어 항쟁했습니다. 자결 순국으로 맞서기도 했습니다. 일제 통치를 거부하는 배일운동과 자강을 위한 교육과 물산장려운동도 끈질기게 벌였습니다. 공주사람들의 독립 정신은 마침내 3·1운동으로 폭발했습니다. 기미년 3, 4월에 걸쳐 총 16회에 이르는 공주 지역 만세운동은 12개 면에서 연인원 1만여 명이 참여한 대중운동이었습니다. 1920년대부터는 동맹휴학과 계몽운동 등 청년학생들과 농민들의 운동으로 이어졌습니다. 대한민국 임시정부와 연계한 국내활동을 벌임은 물론 망명지 중국과 일본에서 벌인 각종의 독립운동에서도 공주 사람들의 활동은 두드러졌습니다. 그렇게 해서 공주 지역의 독립유공자는 101명에 이릅니다.

1945년 해방을 맞이한 것은 그러한 선열들의 헌신 덕분입니다. 나라를 되찾을 수 있다는 확신은커녕 한 치 앞도 내다볼 수 없는 상황에서도 자신의 안위를 돌보지 않고 희생했습니다. 하지만 민족을 질곡에 빠트린 매국과 반역, 친일 행위자들이 독립운동가보다 호의호식하는 등 오늘에 이르기까지 우리는 과거 청산을 제대로 하지 못한 채 흘러왔습니다.

2019년, 일본은 한국에 대한 수출 규제를 시작했습니다. 그들은 자신들의 조선침략과 35년간의 지배를 정당하다고 생각하고, 현행 평화헌법을 바꿔 군국주의를 다시 일으키려는 의도를 가지고 있습니다. 섬뜩한 일이 아닐 수 없습니다.

한국과 일본은 서로 우호협력의 길을 가는 것이 좋습니다. 하지만 일본은 침략과 지배의 역사를 직시하고 반성해야 합니다. 우리는 나라를 위해 헌신한 독립운동가들의 삶에서 현재의 한일관계를 바로잡아야 한다는 용기와 지혜를 다집니다. 오늘의 어려움은 대한민국의 희망찬 미래를 열어가는 데 주춧돌이 될 것입니다.

공주시는 2019년, 3·1운동 및 대한민국 임시정부 수립 100주년 기념사업을 다양하게 펼쳤습니다. 유관순 열사의 모교인 영명학교에서 3·1운동 100주년 기념식을 연 것을 시작으로, 사애리시 선교사 부부와 함께한 동상을 건립하고, 특별기획 공연 '김구의 공주아리랑'을 개최했습니다. 항일 역사유적을 탐방하는 행사를 연이어 개최하고, 4·1 공주 읍내 만세운동을 재현하는 대규모 행사와 정안 석송의 만세운동 100주년 기념식을 장엄하게 치렀습니다. 기념학술대회 및 사진전시회, 공주 독립운동사 골든벨 퀴즈대회, 백범 김구가 청년 시절 수도한 마곡사에서 백범명상길 걷기대회도 치렀습니다. 공주 지역의 숨은 독립영웅을 발굴해 100여 명의 미서훈 독립운동가들을 차례로 서훈을 신청하고 있습니다.

이 책은 일제의 모진 탄압에도 꺾이지 않았던 공주 사람들의 신념에 찬 독립운동사입니다. 이것은 우리의 징비록(懲毖錄)이자 선열들에게 바치는 우리의 독립운동 선언서입니다. 이 책을 통해 공주 지역의 항일 독립운동이 제대로 자리매김되고 후대의 가슴에 오롯이 새겨지기를 바랍니다. 아직 드러나지 않은 독립운동가와 잊힌 이야기도 많을 것입니다. 공주시는 앞으로도 공주독립운동사를 계속 고쳐쓰도록 하겠습니다. 고맙습니다.

2020년(경자년) 새봄,
3·1운동과 대한민국 임시정부 수립 101돌을 맞이하며,
공주시장 김 정 섭 삼가 올림

공주의 정신사에
한 기둥을 세우다

『공주 독립운동사』, 이 책이 나오는 데는 무려 100년이라는 시간이 걸렸다. 3·1운동 및 대한민국임시정부 수립 100주년이 되는 2019년도에 비로소 그 작업이 이루어졌기 때문이다.

근대 일제의 침략에 저항한 한국의 독립운동은 식민지 일제강점 이전부터 시작되었다. 일제강점 이후로는 3·1운동을 기폭제로 국외로까지 독립운동의 양상이 크게 확산되었다. 공주에서의 독립운동, 그리고 공주 출신 인물의 애국 활동도 다른 지역과 마찬가지로 뜨거웠다.

2019년 3·1운동 100년을 맞으면서 공주에서는 몇 가지 새로운 움직임이 일었다. 그 첫째가 학술 세미나 등을 통하여 공주 독립운동사의 면면을 정리하는 작업이었다. 둘째는 '이달의 공주 인물'을 통하여 독립유공자를 현창하고, 독립운동 유공자를 새로이 발굴하여 서훈 추서를 추진한 일이다. 셋째는 3·1운동의 유관순 열사, 임시정부의 김구 선생 등 최고 저명인사를 맥락화하여 공주의 콘텐츠로 만든 일이었다. 금번의 『공주 독립운동사』는 이러한 작업의 기반 위에서 이루어진 것이다.

『공주 독립운동사』는 몇 가지 특징이 있다. 첫째, 구한말 이후 일제강점기에 걸치는 근현대 역사에서, 공주의 독립운동을 쉬운 언어로 알기 쉽게 정리하여 시민들 앞에 내놓은 것이라는 점이다. 둘째는 공주 독립운동사의 맥락을 이해하는 데 도움이 되는 다양하고 풍부한 사진 자료를 활용한 점이다. 사진 가운데는 그동안 잘 소개되지 않았던 자료, 그리고 현재 관련 지역의 모습을 아름답게 촬영한 사진이 포함되어 있다. 이에 의하여 독립운동만이 아니라 근대 공주 역사의 맥락을 함께 이해하도록 한 것이다. 그러나 이 책이 무엇보다 중요한 의미를 갖는 것은, 이에 의하여 비로소 공주 독립운동사의 기본 골격이 만들어졌다는 점이다. 그래서 이 책이 공주의 정신사에 새로운 '기둥을 세운 것이라고 정의할 수 있다.

아무쪼록 『공주 독립운동사』가 시민들의 친근한 벗이 되고, 이를 통하여 선열들의 애국과 애족의 뜨거운 열정을 되새김으로써 지역 발전의 새로운 다짐의 계기가 되기를 진심으로 기원한다.

2020. 2. 25
3·1운동및대한민국임시정부수립 공주기념사업추진위원장

윤 용 혁

목 차

일러두기

• 출처를 밝히지 않은 흑백사진은 공주대학교 공주학연구원의 도움을 받았다.

공주
독립
운동사

일제강점기 공주 시가지 전경

지금의 공주시 전경

일제강점기 금강철교

지금의 금강교

유네스코 세계유산 공산성

유네스코 세계유산 송산리고분군

이 성 우

충남대학교 충청문화연구소 연구원

──────────

충남대학교 인문대학 국사학과 동 대학원 졸업(문학석사)
충남대학교 인문대학 사학과 대학원 졸업(문학박사)
한국근현대사학회 이사 역임
충남대학교 충청문화연구소 전임연구교수 역임
공주교육대학교 사회과교육과 겸임교수 역임

〈주요논저〉
『만주항일무장투쟁의 신화 김좌진』
『청양의 독립운동사』(공저)
『홍성의 독립운동사』(공저)
「1920년대 이육사의 국내 독립운동」
「1910년대 경북지역 독립의군부의 조직과 민단조합」
「창려 장진홍의 생애와 조선은행 대구지점 폭파의거」
「1910년대 독립의군부의 조직과 활동」 등.

공주인의
한말 의병전쟁

일제강점기 공주시가지 (3 · 1중앙공원에서 바라본 전망)

일제강점기 공주시가지 (봉황산에서 바라본 전망)

공주는 오랜 기간 충청도의 정치·경제·사회·문화의 중심지였
다. 공주는 1603년 충청감영이 충주에서 옮겨오면서부터 충청도 전체
를 관할하는 핵심적인 역할을 맡은 지역이 되었다. 1896년에는 전국이 8
도제에서 13도제로 변경되면서 충청도가 남도와 북도로 나뉘었고 공주
는 충청남도의 중심지가 되었다. 충청남도 중심지로서의 공주의 위상은
1932년 일제가 충남도청을 대전으로 이전하기 전까지 지속되었다.

그러나 이러한 중심지로서의 기능이 독립운동에 있어서는 큰
걸림돌이었다. 도청 소재지인 만큼 일제 권력의 감시와 통제가 더욱 강력
했기 때문이다. 공주에는 충남도청뿐만 아니라 충청남북도를 관할하는
공주지방법원과 공주형무소가 있었다. 게다가 공주에는 공주·대전·강경·
서천·보령·홍성·서산·당진 경찰서를 관할하는 충청남도경무부와 대전·부
여·예산·천안 헌병대를 관할하는 공주헌병대가 설치되어 있었다. 따라서
공주는 충남의 그 어떤 지역보다 정치적·사회적으로 통제를 받았다. 그
럼에도 공주인들은 한말 일제강점기 동안 줄기차게 항일 투쟁을 벌였다.

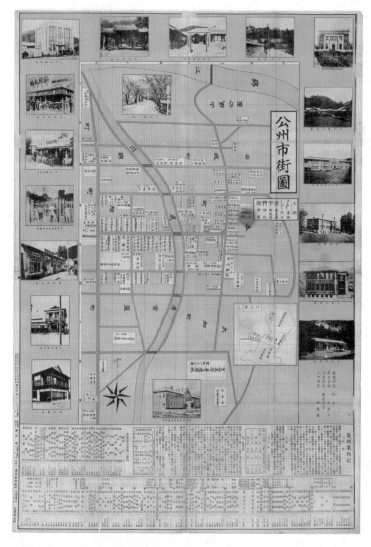

1926년(대정 15) 9월 23일 유사 슌(遊佐峻)이
공주시의 주요 시설과 시가지를 안내하기 위해 제작한 지도.
앞면에는 공주금융조합, 충청남도청, 공주면사무소, 공주군청, 학교, 의원, 상점 등의 사진과
공주시가도, 외인가(外人街), 범례, 공주안내기(연혁, 지세, 인구, 산성공원, 봉황산, 앵산공원,
영업가 및 기타 안내) 등이 인쇄되어 있음.
뒷면에는 '충청남도 공주', '조선 충남 공주', '충청남도 공주시가도', '충남 공주' 등의
문구가 적혀 있음.

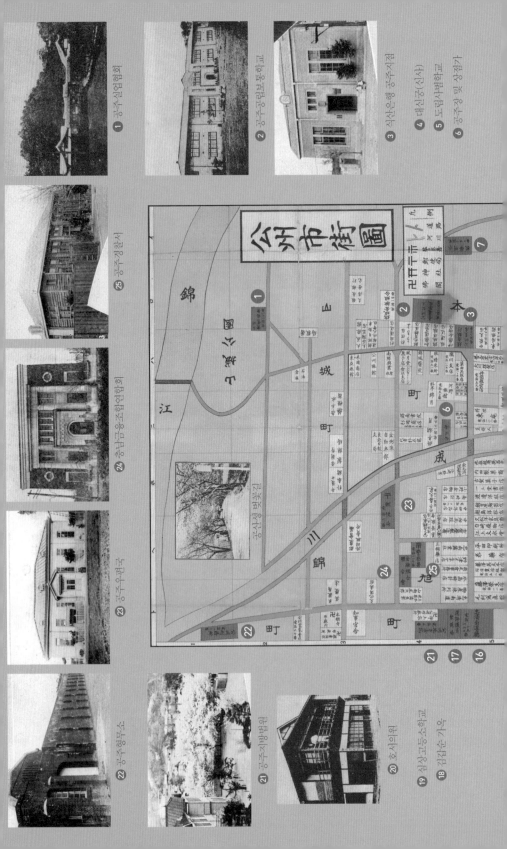

① 공주선엄협회

② 공주공립보통학교

③ 서산은행 공주지점

④ 대신궁(신사)

⑤ 도립사범학교

⑥ 공주장 및 상점가

⑦

㉕ 공주경찰서

㉔ 충남금융조합연합회

㉓ 공주우편국

㉒ 공주형무소

㉑ 공주지방법원

⑳ 호서은행

⑲ 삼성고등소학교

⑱ 김갑순 가옥

公州市街圖

錦 江

公山城

山 城 町

中町 町

錦 川

旭 町

町

① ② 本 ③

⑥ 成

㉓

㉔ ㉕

㉒

㉑ ⑰ ⑯

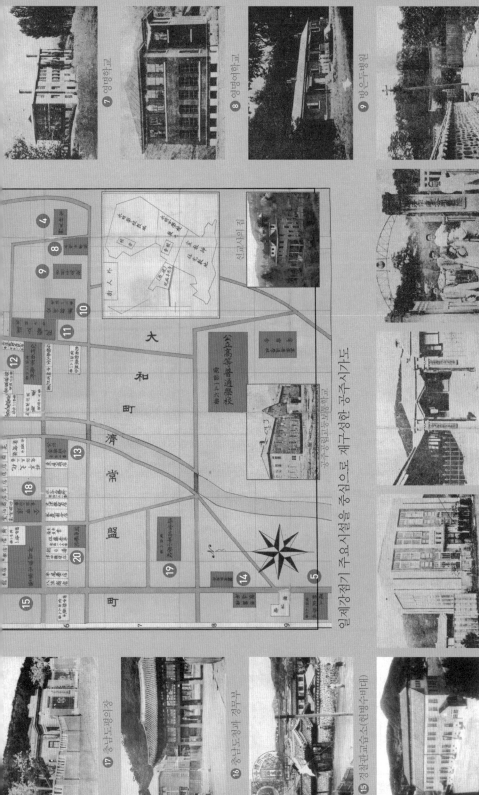

일제강점기 주요시설을 중심으로 재구성한 공주시가도

7 영명학교

8 영명학교

9 방운드병원

10 공주군청

11 충남도립의원

12 공주면사무소

13 공주금융조합

14 충남경찰청

15 '경찰관교습소(현병수비대)

16 충남도청과 경무부

17 충남도병의장

18 공주공립보통학교(현중동초등학교)

선교사의 집

公立高等普通學校
電話一六番

大
和
町
濟
常
盤
町

한말 의병전쟁은 1894년 일본군이 경복궁을 무력으로 점령한 갑오변란으로부터 시작되었다. 의병들은 일제의 침략과 식민지화에 실질적인 타격을 주었으며 1910년 한일강제병탄 이후에는 독립군으로 전환해 항일투쟁을 이어갔다. 공주인들도 일제의 침략에 맞서 의병전쟁을 벌였다. 김문주는 1895년 봉기한 유성의병에 선봉장으로 참여했다. 이상린은 1896년 봉기한 홍주의병에 참여해 창의소 지휘를 맡았으며 홍주의병 이후에는 청양의 성명학교에 참여해 민족교육을 실시했다. 이후 만주로 망명해 공교회 활동을 벌였으며 1919년 국내로 돌아온 후에는 인도공의소와 유교부식회 회장으로 추대되어 사회운동을 벌였다. 이상구는 1906년 봉기한 홍주의병에 참여해 좌익장을 맡아 일본군과 홍주성에서 치열한 전투를 벌였다.

노원섭은 1906년 공주 용당에서 거병한 후 의진을 덕유산 인근으로 옮겨 전북 무주·진산·고산 등지에서 일본군과 교전을 펼치다 체포되었고, 1919년 3·1운동 후에는 대한민국 임시정부 시찰원으로 자금 모집 활동을 벌였다. 이원오는 1908년 조경환 의진에 참여해 전남 영광·함평·나주군 일대에서 항일투쟁을 벌였으며 조경환 의병장이 전사한 후 의병장이 되어 의진을 이끌었다. 이밖에도 강덕보·노성삼·노치흠·이덕경·이춘성·이학현·장남일·최경휴 등도 후기의병에 참여해 항일투쟁을 전개했다.

공주인의
한말 의병전쟁

한말 의병은 1894년 일제가 경복궁을 무력으로 점령한 갑오변 란으로부터 시작되었다. 1894년 안동의병으로부터 시작된 '전기의병'(갑 오·을미의병)은 1895년 단발령 공포 이후 전국적으로 확대되었으며, 1896년까지 항일무장투쟁을 전개했다. 한말 의병은 1905년 다시 봉기 했다. 러일전쟁과 통감정치, 을사늑약은 전기의병에 이어 '중기의병'(을사 의병)이 봉기하는 계기가 되었다. 전국적으로 의병들이 봉기해 을사늑약 반대와 친일내각 타도를 기치로 내걸고 의병전쟁을 시작했다. 중기의병 은 1907년 일제에 의해 고종이 강제 퇴위되고 대한제국 군대가 해산되면 서 '후기의병'으로 발전했다. 후기의병은 해산당한 군인들이 참여하면서 일본군과 전면전의 성격을 띠는 대일 항전으로 발전했다.

한말 의병들은 일제의 침략과 조선의 식민지화에 실질적인 타 격을 주었으며, 1910년 한일 강제병탄 이후 만주 지역에서 독립군으로 전 환해 항일투쟁을 이어갔다. 이처럼 한말 의병전쟁은 일제 침략에 맞서 항

유성의병 전투지(공주시 상왕동)

전했던 대표적인 독립운동이었으며 공주인들도 일제의 침략에 맞서 의병
전쟁을 벌였다.

김문주(金文柱)는 1895년 9월 봉기한 유성의병에 참여했다. 유
성의병은 경북 현풍 출신의 문석봉(文錫鳳)이 중심이 되어 봉기한 의병
이다. 문석봉은 1895년 명성황후가 시해되자 '을미사변은 천고에 없는
강상(綱常)의 대변'이라 여기고 국수보복(國讐報復)을 목표로 유성에서
거병했다.[1]

김문주는 유성의병 선봉장을 맡았다. 그가 선봉장을 맡은 것
은 문석봉과의 관계 때문이다. 문석봉은 1893년 별시 무과에 급제한 후
진잠(鎭岑) 현감을 역임했으며, 1894년 11월 양호소모사(兩湖召募使)에
임명되어 공주부에 근무했다. 문석봉은 양호소모사로 동학농민군을 진

와야동교

압하기는 했으나 반침략 항일투쟁에 나섰다. 그는 1895년 2월 공주부 관병에게 군사훈련을 시켜 일제를 몰아낼 계획을 세웠고, 김문주는 문석봉의 참모사로 참여했다.[2] 그러나 의병봉기 계획은 실패했고, 김문주는 유성의병이 봉기하자 선봉장을 맡았다. 유성의병은 유성장터에서 의진을 편성한 후 공격 목표를 공주부로 잡았다.

공주 관아를 선점해 무기의 열세를 지리적 이점으로 극복하고자 한 것이다. 이를 위해 회덕현을 급습해 무기를 획득했다. 유성의병은 회덕현에서 탈취한 무기로 무장한 후 10월 28일 공암을 거쳐 공주를 향해 진격했다. 그러나 공주부에서는 의병의 공격 정보를 미리 입수해 와야동(지금의 공주시 상왕동) 일대에 관군을 매복시켰고, 유성의병은 이곳에서 관군과 전투를 벌였으나 패하고 말았다.[3]

이상린(李相麟)·이상구(李相龜) 형제는 홍주의병에 참여했다. 홍주의병은 1896년과 1906년 두 차례에 걸쳐 봉기했다. 전기 홍주의병은 김복한(金福漢)·안창식(安昌植) 등 청양과 홍성일대의 유생들이 중심이 되어 봉기한 의병이다. 청양 화성에 거주하던 안창식은 청양 유생 채광묵(蔡光默), 장자인 안병찬(安炳瓚)을 비롯해 임한주(林翰周)·김덕진(金德鎭) 등과 함께 1896년 1월 12일 화성의 이인영(李麟榮) 집에서 향회를 열었다. 향회에는 100여 명에 이르는 유생이 참석했으며, 다음 날 안병찬과 채광묵 등은 180여 명의 의병을 이끌고 홍주성에 입성했다. 안병찬은 홍주 목사 이승우(李勝宇)에게 의병에 동참할 것을 권유한 후 김복한을 총수로 추대하고 1월 17일 창의소를 설치했다. 김복한은 존화복수(尊華復讐)라는 기치를 내걸고 홍주부 관할 군과 면에 통문을 띄워 의병에 동참할 것을 권유했다. 그러나 창의소를 설치한 지 하루 만에 이승우가 배반하면서 홍주의병은 실패하고 말았다.[4]

이상린은 1856년 우성면 보흥리에서 태어났으며, 본관은 단양(丹陽), 호는 만오(晩悪)이다.[5] 그는 1895년 을미사변과 단발령 공포 이후 김복한의 연락을 받고 홍주의병에 참여했다. 이상린은 김복한·안병찬·이설(李偰) 등과 비밀리에 연락을 취하며 거병을 추진했으며 창의소 지휘를 맡았다. 그러나 홍주의병이 실패하면서 김복한·송병직(宋秉稷)·안병찬·이설·홍건(洪楗)(이상 '홍주 6의사') 등과 함께 체포되었다. 이상린은 서울로 압송되었으며 4월 7일 징역 3년 형을 받았다. 이상린과 함께 압송된 김복한은 유배 10년, 송병직·안병찬·홍건은 징역 3년, 이설은 장(杖) 60형을 받았다. 그러나 이들은 모두 고종의 특지로 곧바로 석방되었다.[6]

이상린은 홍주의병이 실패한 후 성명학교(誠明學校)에 참여했다. 성명학교는 1908년 홍주의병장을 역임한 이세영(李世永)이 청양 적곡에 인재를 양성해 장기적인 대일항전을 준비할 목적으로 설립한 사립학교였다. 이상린은 교사로 근무하며 학생들에게 민족교육을 실시했다.[7] 그러나 1910년 한일 강제병탄이 이루어지자 1913년 만주로 망명해 한인공교회(韓人孔教會)에 참여했다. 한인공교회는 유교를 부흥시켜 한인 사회를 단결시키고 독립운동의 활로를 모색하기 위한 것이었다.

이상린의 유교부흥을 통한 독립운동은 국내로 돌아온 후에도 지속되었다. 그는 1919년 국내로 돌아온 후 1920년 홍성에 설립된 인도공의소(人道公議所)에 참여했다. 인도공의소는 유교의 진작을 위해 '내수(內修)의 장책(長策)'을 마련하라는 김복한의 발의에 의해 조직되었다. 인도공의소는 김복한과 함께 홍주의병과 파리장서운동을 벌인 이들이 중심이 되었으며 이상린은 인도공의소 회장에 추대되어 활동을 벌였다.[8] 인도공의소는 경성에 본부를 두기로 했으나 실질적인 활동은 홍성이 중심이었고, 1927년 유교부식회(儒教扶植會)로 발전했다. 유교부식회는 유교를 진흥시켜 대동(大同)의 세계를 건설하고자 했다. 이상린은 회장을 맡아 홍주의병에 참여했던 이들을 중심으로 유교부식회를 이끌었다.[9] 유교부식회는 유교의 사상을 보급하고 시대에 맞는 충의심(忠義心)을 고양하기 위해 정기 강연회를 개최하고 『인도(人道)』지를 간행하는 등 농촌계몽운동을 전개하였다. 1927년 9월 10일 홍성읍 오관리에 본부회관을 설립했으며, 공주·태안·청양 등지에 지회를 설치하기도 했다.

홍주성 조양문(1910년대)

이상구는 1859년 우성면 보홍리에서 태어났으며 본관은 단양
(丹陽), 호는 정관(靜觀)이다.[10] 그는 이상린의 동생으로 1906년 봉기한
후기 홍주의병에 참여했다. 전기 홍주의병에 참여했던 안병찬·채광묵 등
은 1905년 을사늑약의 소식을 접하고 1906년 초부터 의병봉기를 추진
해 2월 하순 청양군 정산면 천장리에 거주하던 전 참판 민종식(閔宗植)
의 집에서 의병봉기를 논의했다. 그 결과 3월 15일 민종식을 총대장으로
추대하고 예산군 광시면 광시장터에서 의병을 일으켰다.[11]

이상구는 정재호(鄭在鎬)·최상집(崔相集)·이세영·채광묵·윤장
홍(尹滋洪) 등과 함께 참여했다. 그러나 홍주군수가 의병 참여를 거부
하자 공주를 공격할 계획을 세우고 청양 합천에서 머물던 중 일제의 공
격을 받아 해산되고 말았다. 하지만 민종식은 5월 11일 홍산 지치(지금
의 부여군 내산면 지티리)에서 다시 봉기했다. 이상구는 문석환(文奭煥)
·정재호·이용규(李容珪)·이세영 등과 함께 다시 의병에 참여해 홍주의병

36

홍주의병 재봉기지(부여 내산면)

이 서천·남포·보령 등을 거쳐 5월 19일 홍주성을 점령하는 데 기여했다. 홍주성을 점령한 후 이상구는 좌익장을 맡았으며, 일제가 홍주성을 공격하기 직전에는 참모사를 맡아 홍주성 수비에 전력을 다했다.

홍주의병이 홍주성을 점령하자 조선통감 이토 히로부미(伊藤博文)는 서울에 주둔해 있던 한국주차군을 출동시켰으며, 경성헌병대와 전주수비대를 홍성에 파견했다. 홍주의병은 5월 31일 홍성에 급파된 일본군 보병 2개 중대와 기병 등의 공격에 치열하게 항전했으나 패하고 말았다.[12] 이상구는 일제에 체포되어 문석환·유준근(柳濬根)·최상집·안항식(安恒植)·남규진(南奎振)·신보균(申輔均)·이식(李侙)·신현두(申鉉斗)(이상 '홍주 9의사') 등과 함께 서울로 압송되었다. 이상구는 한국주차군 사령부에서 심문을 받은 후 15년 형을 받았으며 홍주 9의사와 함께 8월 6일 대마도에 유폐되었다.[13] 일제는 홍주의병장 4~5명을 사형에 처하고자 했으나 가혹하다는 비판을 우려하여 종신형과 징역형에 처한 후 대

노원섭 고향(우성면 동곡리)

마도에 유배했던 것이다. 이상구는 유준근·이식과 함께 대마도에서 마지막까지 유배생활을 하다가 1909년 2월 석방되었다.[14)

　　노원섭(盧元燮)은 1877년 1월 우성면 동곡리에서 태어났으며 본관은 만경(萬頃), 호는 송암(松庵)이다.[15) 그의 12대조 노응환(盧應晥)과 동생 노응탁(盧應卓)·노응호(盧應晧) 형제는 임진왜란 당시, 조헌(趙憲)과 함께 청주성 전투에 참여했으며 금산전투에서 전사한 의병장이었다.[16) 노원섭은 1905년 을사늑약 이후 전국적으로 의병전쟁이 확대되자, 1906년 고향인 공주 용당(지금의 공주시 웅진동)에서 의병을 일으켰다.[17) 그는 공주에서 거병했으나 의진을 덕유산 인근으로 옮겨 활동 근거지로 삼았으며 금산·진안·함양 등지에서 항일전을 벌였다. 1907년 9월에는 150여 명의 의병을 이끌고 금산에서 일본군과 교전을 벌였으며, 일본군이 전주로 후퇴한 틈을 이용해 우편국과 재무서 등을 공격하기도 했다.[18) 그러나 1908년 무주·진산 등지에서 항일전을 펼치다 체포되었다. 그 뒤 전

노원섭의 묘(우성면 동곡리)

주지방법원에서 유배형을 받고 제주도에 유배되었다가 1910년 소위 합방 특사로 풀려났다.[19]

노원섭은 1919년 3·1운동 후 전남 나주 일대에서 대한민국 임시정부 시찰원으로 활동했다. 1919년 6월에 나주군 나주면의 김정두(金正斗)·김내현(金內現) 등에게서 임시정부 지원 자금을 모집하던 중 체포되어 징역 1년 형을 받고 옥고를 치렀다.[20]

이원오(李元吳)는 공주 성내 출신으로 조경환(曺京煥) 의진에 참여했다. 조경환은 광주 출신으로 1907년 군대 해산 후 광주·함평 등지에서 항일전을 벌였다. 이원오는 친형 이재형(李在衡)이 1906년 홍주의병에 참여한 후 일본군과 교전 중 전사하자 그의 유지를 받들어 의병에 참여했다.[21] 그는 1908년 11월 조경환을 만나 의진에 참여해 우익장을 맡았으며, 전남 영광·함평·나주 일대에서 항일투쟁을 벌였다.[22] 이원오는

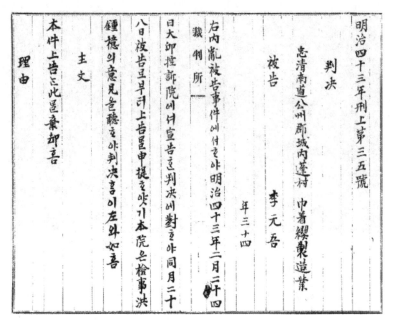

이원오 고등법원 판결문(1910년 4월 22일)

1909년 1월 의병장 조경환이 일본군과 교전 중 전사하자 의병장이 되어 의진을 이끌며 전남 광주·창평 일대에서 항일투쟁을 벌였다.[23]

이춘성(李春成)은 공주 남부면 고상아 출신으로 1908년 2월 신여도(申汝道) 의병과 연합해 충남 부여 일대에서 자금 모집 활동을 벌였으며, 같은 해 8월 이종화(李鍾化)·오양선(嗚良善)·민창식(閔昌植) 등과 보령 순사주재소를 공격했다. 같은 해 10월에는 선봉장이 되어 아산 순사주재소를 공격했으며, 1909년 3월부터는 설인수(薛仁洙)·박성돌(朴成乭)·최봉실(崔奉實) 등과 청양 일대에서 군자금 모집 활동을 벌였다.[24]

강덕보(姜德保)와 최경휴(崔卿休)는 이관도(李寬道) 의진에 활동한 공주인이다. 이관도 의진은 충남 청양·덕산·해미 일대에서 항일투쟁을 벌였다.[25] 강덕보는 계룡면 경천출신으로 1908년 이관도 의진에 참여한 후 1908년 12월부터 다음해 5월까지 충남 예산·온양·공주·청양 등지에서 자금 모집 활동을 벌였다.[26] 최경휴는 유구면 출신으로 이관도 의진에 참여한 후 1909년 9월 청양군 북하면 일대에서 자금 모집 활동을 벌였다.[27]

이밖에도 공주 출신 노성삼(盧聖三)·노치흠(盧致欽)·이덕경(李德慶)·이사건(李士乾)·이학현(李學鉉)·장남일(張南一) 등도 의병전쟁에 참여했다. 장남일은 1907년 충북 일대에서 활동한 이명상(李明相)과 김계배(金啓倍) 의진에 참여했다. 그는 1907년 9월 이명상 의진에 참여한 후 의병 400여 명과 함께 충북 충주·청풍·단양 등지에서 활동했으며, 1907년 11월 이후에는 김계배 의진에 참여해 강원도 원주·횡성 등지에서 의병으로 활동을 했다.[28] 이덕경은 1907년 12월 의병 30여 명을 모아 전주 출신의 김법윤(金法允) 등과 1908년까지 공주 일대에서 자금 모집 활동을 벌였으며,[29] 이학현은 1907년 의병에 투신하여 전북 고산 출신의 김영환(金永煥)·현팔봉(玄八峰) 등과 함께 충남 공주·논산, 전북 고산 등지에서 의병활동을 벌였다.[30] 이사건은 1907년 의병 100여 명과 함께 청양 정산주재소와 우편소를 공격했으며, 노성삼과 노치흠은 1908년 충남·전북 등지에서 의병장으로 활동했다.[31]

공주인의
한말 의병전쟁_주

1) 김상기, 「조선말 문석봉의 유성의병」, 『역사학보』 134·135, 역사학회, 1992,
    93~94쪽.

2) 김상기, 「조선말 문석봉의 유성의병」, 95쪽.

3) 김상기, 「조선말 문석봉의 유성의병」, 98쪽.

4) 김상기, 『한말 전기의병』, 한국독립운동사연구소, 2009, 185~191쪽.

5) 송용재 편저, 『홍주의병실록』, 홍주의병유족회, 1986, 230쪽.

6) 김상기, 『호서유림의 사상과 민족운동』, 지식산업사, 2016, 432쪽.

7) 김상기, 『호서유림의 사상과 민족운동』, 543쪽; 송용재, 『홍주의병실록』, 449쪽.

8) 김상기, 「김복한의 홍주의병과 파리장서 운동」, 『대동문화연구』 39,
    대동문화연구원, 2001, 359쪽.

9) 김상기, 「김복한의 홍주의병과 파리장서 운동」, 359쪽.

10) 송용재 편저, 『홍주의병실록』, 홍주의병유족회, 1986, 430쪽.

11) 김상기, 「1906년 홍주의병의 홍주성 전투」, 『한국근현대사연구』 37,
    한국근현대사학회, 2006, 130~131쪽.

12) 김상기, 「1906년 홍주의병의 홍주성 전투」, 142쪽.

13) 박민영, 「한말 의병의 대마도 피수 경위에 대한 연구」, 『한국근현대사연구』 37,
    한국근현대사학회, 2006, 172~173쪽.

14) 박민영, 「한말 의병의 대마도 피수 경위에 대한 연구」, 188쪽.

15) 송용재 편저, 『홍주의병실록』, 홍주의병유족회, 1986, 517쪽.

16) 서병호 편, 『공산지』 권4, 「명신」, 공주군금정향교, 1923년 ; 송용재,
    『홍주의병실록』, 518~519쪽.

17) 송용재 편저, 『홍주의병실록』, 홍주의병유족회, 1986, 517쪽.

18) 독립운동사 편찬위원회, 『독립운동사자료집』 3, 552쪽 ; 「이승갑 판결문」
    (광주지방재판소전주지부, 1919년 3월 18일).

19)   독립운동사 편찬위원회, 『독립운동사자료집』 3, 548쪽 ; 송용재 편저,

       『홍주의병실록』, 홍주의병유족회, 1986, 517쪽.

20)   「노원섭 판결문」(광주지방법원, 1919년 9월 22일).

21)   「이원오 판결문」(대구공소원, 1910년 2월 24일).

22)   「이원오 판결문」(대구공소원, 1910년 2월 24일).

23)   김상기, 『의병전쟁과 의병장』, 경인문화사, 2019, 440쪽 ; 「이원오 판결문」

24)   독립운동사 편찬위원회, 『독립운동사자료집』 별집 1, 379~380쪽.

25)   독립운동사 편찬위원회, 『독립운동사』 1, 535쪽.

26)   「강덕보 판결문」(경성공소원, 1909년 7월 1일).

27)   「최경휴 판결문」(경성공소원, 1910년 3월 19일).

28)   「장남일 판결문」(광주지방재판소전주지부, 1910년 6월 3일 ; 대구공소원,

       1910년 6월 25일).

29)   「이덕경 판결문」(경성공소원, 1908년 10월 30일).

30)   「김영환 판결문」(대구공소원 형사부, 1909년 1월 16일) ; 「현팔봉 판결문」

       (광주지방재판소전주지부, 1910년 5월 27일).

31)   국가보훈처, 『독립유공자공훈론』 14, 2000 ; 국가보훈처, 「노성삼공적조서」 ;

       국가보훈처, 「노치흠공적조서」.(대구공소원, 1910년 2월 24일 ; 고등법원,

       1910년 4월 22일).

김 형 목

독립기념관 책임연구위원

━━━━━━━

(사)국채보상운동기념사업회 이사

중앙대학교 문과대학 사학과 졸업, 동 대학원 문학석사·문학박사

한국민족운동사학회 편집장·회장, 국가보훈처 독립유공자공적심사위원,

독립기념관 한국독립운동사연구소 책임연구위원 역임

현재 한국여성사학회, 백산학회, 한국교육사학회 연구이사,

육군본부 군사연구소 편집장, 한국중앙사학회 회장

저서로 『대한제국기 야학운동』, 『최송설당의 생애와 육영사업』(공저),

『교육운동─한국독립운동의 역사 35』, 『안중근과 동양평화론』(공저),

『김광제, 나랏빛 청산이 독립국가 건설이다』, 『최용신, 소통으로 이상촌을 꿈꾸다』,

『여주독립운동사 개관』, 『도마 안중근』(공저), 『대한제국기 경기도의 근대교육운동』,

『대한제국기 충청지역 근대교육운동』, 『충청도 국채보상운동』,

『배움의 목마름을 풀어준 야학운동』 등이 있다.

한말 공주 지역 교육계몽운동과 국채보상운동

목차

일제강점기 충남도청과 경무부

지금의 충남도청(공주사대부설고등학교) 터

1

왜 공주에
주목해야 하는가

공주는 1896년까지 충청도를 관할하는 충청감영 소재지였다. 1932년 10월 충남도청이 대전으로 이전할 때까지 공주는 충청 지역 정치·경제·교육·문화 중심지로서의 위상을 그대로 유지하고 있었다. 조선시대의 충청감영이 약 300년 이상 있었던 까닭에 보수적 정서와 유교적 규범은 어느 지역보다 강했다.[1]

흔히 '충청도 양반'이라는 말은 이러한 역사적인 배경과 밀접한 관련성을 지닌다. '충절의 고장' 충청인의 자긍심과 자부심은 엄혹한 일제강점기에도 국난을 극복하는 정신적인 버팀목이었다.

조선은 1876년 강화도조약 체결로 더 이상 '조용한 아침의 나라'나 '은둔국'이 아니었다. 비록 불법적인 강요에 의한 개방이라는 한계는 있었으나 이는 조선이 국제사회 무대에 등장하는 결정적인 계기가 되었다. 부산을 비롯한 개항장이나 수도 서울에는 조계지(租界地)(외국인 자유통상·거주 구역)가 형성되었다. 조계지의 생활양식은 빵이나 커피와 같은 음식물은 물론 인사법까지 우리와 너무나 달랐다. '남녀칠세부동석'이 조선의 절대적인 가치관인 상황에서 외국인 부부와 가족이 나란히 걸어가는 모습은 엄청난 충격으로 다가왔다.

1894년 전라도 고부에서 시작된 동학농민혁명은 전주화약(농민군이 전주를 점령하고 정부와 맺은 조약)에 의해 수습되는 분위기였다. 집강소는 "농민의, 농민에 의한, 농민을 위한" 자치행정을 실천해 절대적인 호응을 받았다. 자국민 보호를 구실로 인천에 상륙한 일본군은 친일내각을 내세워 조선의 식민지화를 꾀했다. 이에 농민군은 척왜양창의(斥倭洋倡義, 일본과 서양세력을 배척하고 새로운 사회질서를 도모함)를 내걸고 10월 말부터 11월 초까지 공주 일대에서 최대의 혈전을 벌였다. 공주인들은 지리에 밝은 이점 등을 활용하여 두드러진 활약을 보였으나 이들의 소망과 달리 우금치와 유구의 전투에서 패배했다.[2] 동학농민군의 염원이 처절하게 좌절된 슬픈 역사의 한 장면이다.

이처럼 공주 지역은 19세기 말까지 일본군을 제외하면 외부 충격에 의한 큰 변화를 겪지 않았다. 그러나 개신교가 전래되면서 변화의 조짐이 서서히 감지되기 시작했다. 선교사들은 공주를 거점으로 한 선교활동에 매우 열성적이었다. 초기에는 대다수 주민이 의구심 가득한 눈초리로 이들을 바라보았다.[3] 같은 하늘 아래에서 살 수 없는 '괴물'처럼 느끼는 사람도 적지 않았다. 재야 유림들은 이들과의 만남 자체를 꺼릴 뿐만 아니라 '욕설'에 가까운 비판을 쏟아내는 분위기였다. 시간이

흐르면서 접촉이 빈번해짐에 따라 경계심은 점차 호기심으로 변화되었다. 외래 종교이자 사상으로 인식된 개신교의 전파는 어쩌면 '천지개벽'으로 다가왔는지도 모른다.

1784년 우리나라에 전래된 천주교는 여러 차례 박해를 받아, 신자 수백 명이 공주감영·공주감옥·황새바위 등지에서 극심한 고문을 받고 순교하였다. 차마 눈 뜨고 볼 수 없는 처참한 광경을 직접 보았거나 소문으로 들은 사람들은 후손에게 기독교인과는 절대 접촉하지 말라고 훈계했다. 이는 절대적인 '금기'로서 전승되었다. 오랜 세도정치로 지배체제가 문란해지는 가운데 사회적인 불안이 증폭되면서 이러한 분위기는 확산을 거듭했다. 하지만 의료와 교육활동에 집중된 선교사업은 주민들의 인식과 가치관을 변화시키는 중요한 계기가 되었다.[4] 가치관이 바뀜에 따라 공주인은 잔존하고 있던 인습의 굴레로부터 점차 벗어날 수 있었다. 삶의 작은 변화는 새로운 가치관을 세우는 전환점이 되었다.

일제 침략이 강화되는 상황 속에서 국권회복운동은 크게 의병운동과 문화계몽운동 두 방향으로 전개되었다. 문화계몽운동은 근대교육운동·언론운동·종교운동·국학운동·경제운동 등 다양한 영역에서 이루어졌다. 사립학교설립운동·학회운동·야학운동을 주요 영역으로 하는 근대교육운동은 을사늑약을 기점으로 성격이 크게 변화했다. 즉 부국강병을 위한 시무책의 일환으로 시작된 근대교육은 이제 국권회복에 집중되지 않을 수 없었다. 우선적인 과제는 사회진화론에 바탕한 경쟁력 배양이었다. 전·현직 관료와 계몽론자 등이 중심이 되어 전개한 근대교육운동의 진전과 기호흥학회 공주지회 운영은 이러한 상황을 그대로 보여준다. 경제적 자립을 표방한 국채보상운동도 세상이 어떻게 돌아가고 있는지 주민들을 일깨워 주었다.[5] 참여를 통한 소중한 체험은 사회적인 책무를 느끼게 하는 동시에 자신감을 복돋아주었다.

2019년은 3·1운동과 대한민국 임시정부 수립 100주년을 맞이하는 뜻깊은 해였다. 기미년에 서울·평양·정주·의주·원산 등지에서 시작된 독립만세 소리는 국내외로 급속하게 퍼져나갔다. 극소수 민족반역자나 매판자본가를 제외하고는 온 민족이 혼연일체가 되어 만세시위에 참여했다. 이와 같은 극적인 상황을 연출할 수 있었던 밑거름은 바로 대한제국기에 전개된 국권회복운동과 밀접한 연관성을 지닌다. 공주 지역 3·1운동이나 다른 항일운동을 주도한 세력은 근대교육의 수혜를 받은 인물들이었다.[6] 이들은 외부 세계와 소통하며 식민지배 모순을 비판하는 등의 활동으로 주민들의 전폭적인 지원을 받았다. 그런 만큼 지역사회에서 일어난 현실적인 문제들은 이들에 의하여 부분적이나마 개선될 수 있었다. 근대교육은 '단순한' 지식 배양이 아닌 잠재된 항일의식을 일깨우는 에너지원이나 마찬가지였다.

2
시세에 부응하는
새로운 변화가 시작되다

　　동학농민혁명에서 패한 '아픈' 경험은 모순된 현실에 대한 인식과 비판의식을 심화하는 요인이었다. 동학농민군의 염원은 우금티전투에 패배하면서 처절할 정도로 무너졌다. 하지만 공주 지역 동학교도 일부는 반제·반봉건 투쟁을 멈추지 않고 세력을 결집하고 있었다.[7] 반면 사회불안이 가중되는 가운데 이를 수습하려는 방안도 모색되었다. 공주군 목동에 사는 김교익이 『독립신문』에 투고한 글은 당시 향촌 지식인의 시국 수습에 관한 생각의 일면을 엿볼 수 있어 주목된다.

　　농상(農桑)은 천하에 큰 근본이라. 나라가 있고 백성이 번성하기는 오직 농상에 있는지라. 옷과 밥이 넉넉해야 예절을 잘 아는 법인데, 예절은 옷과 밥에서 나오고 옷과 밥은 농상에서 나는지라. 근래에 나라 사람들의 폐단을 본즉 한갓 옛날 사적만 말하고 실상은 없으니 비록 농상을 힘쓴다 하나 하는 일이 소홀하여 밭과 들이 열리지 않고 백성이 흩어져 주리고 찬 것이 몸에 핍박하니 어찌 여가에 예의와 염치를 분별하리오. 이에 전 대신 안경수가 드디어 뜻하기 전에 한두 사람으로 더불어 먼저 근본을 다스리고 넓게 만국에 농사하는 이치를 캐고

> 모두 두 편의 글을 거두어 백성을 가르쳐 해마다 크게 풍년이 되게 하면 인민의 집집마다 창고에 곡식이 쌓이고 사람들이 배를 두드려 아버지와 형은 자식과 아우를 잘 교육하여 인의가 크게 위로 행하고 충효가 바로 아래에 미치어 몇 해가 못 되어 세상이 이로부터 크게 문명한 세계가 될지라. 어찌 나라를 위하여 백성을 가르치는 큰 근본이 아니리요.[8]

비록 유학자로서 '농자천하지대본야(農子天下之大本也)'라는 전통적인 사상에 바탕을 두고 있고, 민중을 교화의 대상으로 인식하는 한계는 여기에서도 엿볼 수 있다. 다만 농업생산력 증대를 위해 제시한 방안은 곧바로 실행할 수 있는 현실적인 대안 중 하나였다. 그는 생활고에 직면한 당시 농민들이 염치와 예의를 전혀 도외시함으로써 사회불안이 가중되고 있음을 지적했다. 이를 극복할 방안으로 바로 농업경영에 필요한 '농민교육'을 역설했으니 당시로서는 놀라운 견해가 아닐 수 없다.

한편 만민공동회가 주최한 토론회·연설회는 민중에게 자신이 사회적인 존재라는 존재감을 일깨워주었다. 이를 전후하여 지배층의 불법적인 수탈에 맞서 다양한 방법으로 전개된 농민저항과 항쟁은 이러한 사실을 분명하게 보여준다. 사회구성원이라는 자각은 보다 확대된 안목과 세계관을 공유하는 지름길이었다.[9] 빈번한 소유권·경작권 관련 소송과 절도범 증가 등은 각박한 생활과 무관하지 않았다. 만성적인 굶주림으로 현실에 대한 비판과 불만이 커질 수밖에 없었다. 그렇다고 무작정 기다릴 수만은 없는 상황이었다. 시세 변화와 더불어 민중 스스로 권리를 찾으려는 집단적인 저항이 함께 나타났다. 이는 생존권을 지키기 위한 유일한 최후 수단이나 마찬가지였다. 저항을 통해 얻은 소중한 경험

우금티 전적

은 새로운 사회질서에 대한 요구로 이어졌고, 나아가 외세 침략에 맞서
는 주인공으로서의 역할을 자임하게 되었다.

러일전쟁 발발을 전후로 고조된 위기의식은 계몽단체의 결성과
활동을 촉진했다. 일제의 일방적인 승리는 이러한 분위기를 더욱 조장하
였다. 가쓰라-태프트밀약과 제2차 영일동맹으로 일본은 미국·영국으로
부터 대한제국에 대한 배타적·독점적 지배권을 확실하게 보장받았다. 더
욱이 강력한 경쟁자인 러시아를 한반도에서 완전히 고립시키는 등 외교
적인 승리도 거두었다. 이제 대한제국은 열강의 이익을 위한 흥정대상인
일종의 전리품에 불과한 '국제적인 미아' 신세가 되었다. 열강에게 대한제
국은 단지 식민지 분할에 유용한 흥정대상이자 수단일 뿐이었다. 힘의

논리에 의한 제국주의 질서는 저들의 침략적 본질과 야욕이 숨겨진 '만
국공의(萬國公義)'에 의해 작동되었다.

　　위기의식이 고조되면서 서울을 중심으로 전개되던 계몽운동은
지방으로 파급되어 나갔다. 학회를 비롯한 계몽단체나 정치사회단체는
지회 설립 인가에 박차를 가하는 등 생존경쟁 시대에 부응하는 방안을
모색하였다. 이는 현실인식 심화와 더불어 새로운 변화를 이끄는 에너지
원이었다. 신문·잡지 등은 각지에서 전개되는 계몽활동을 자세히 보도함
으로써 관심을 집중시켰다.

각 지역 지회원들은 사립학교 설립운동·야학운동·국채보상운동 등 교육계몽운동과 경제운동을 이끄는 중심세력이었다. 교남학회·호남학회·관동학회 등은 해당 지역 출신 재경 세력에 의해 조직된 계몽단체였다. 이들은 정보교류로 주민들을 계몽하는 한편 현안을 해결하려는 노력도 병행했다.[10]

충남 지역에 설립된 계몽단체 중 근대교육운동에 가장 영향력을 발휘한 단체는 기호흥학회 지회였다. 지회원 자격은 대한제국 남자로서 경기도와 충청남북도에 본적이나 거주지가 있는 만 20세 이상인 품행이 단정한 사람(제17조)으로 규정하였다. 입회 시에는 회원 2인의 보증과 입회금 1환을 첨부하여 회장의 인준을 받았다(제19조). 퇴회 시에는 사유를 진술하고 입회증서와 회권을 반납하도록 하였다(제20조). 회원은 월연금 10전씩을 납부하는 통상회원, 60원에서 300원을 기부하는 특별회원, 300원 이상에 해당하는 재산기부자인 특별찬성회원 등으로 구분하였다(제18조). 회원의 권리는 본회 발전을 위한 의견 제출, 본회 임원의 선거와 피선거권, 총회에서 발언과 표결권 등이었다(제21조). 회원은 본회가 255명, 지회원이 950여 명에 달하는 등 지회원이 약 4배 정도가 많았다.[11] 이는 지역사회 활동가들의 적극적이고 열성적인 단면을 보여주는 부분이다.

충남 지방에서 제일 먼저 설립인가를 받은 지회는 서산지회로 1908년 5월 10일이었다. 박상회 등 76명의 지회 청원에 시찰을 중지하고 설립을 인허했다. 당시 임원진은 지회장 김영년, 부회장 임명재, 총무 윤철헌, 평의장 김영구·이범순 등 15인, 교육부장 박용섭, 재정부장 정일섭, 회계원 서병언, 서기원 이계조, 간사원 김용석·정동호 등이었다.[12] 지회장 김영년이 지회원 명부를 보고하자, 본회는 7월 20일 통상회에서 해미지회와 서산지회 시찰위원으로 이춘세·이원생을 선정하였다.

같은 해 7월 12일에는 해미지회와 공주지회 설립도 인가되었다. 해미지회 시찰위원은 이춘세와 이원생, 공주군 흥학권유 위원은 홍필주였다. 공주군은 홍필주의 시찰보고에 의해 설립인가를 받았다. 공주지회 임원진의 구성이나 구체적인 직책은 알 수 없지만 임원과 회원은 어느 정도 파악된다. 이근영·민영원·김홍식·김재근·김재면·서병호·장세호·김영도 등은 임원진이었다. 민영진·정희찬·이진우·이철우·김하준·권익변·민성호·성보영 등은 회원으로 보여진다.[13]

1909년에는 홍주지회와 청양지회가 각각 설립인가를 받았다. 홍주지회 초기 임원진은 지회장 서병태, 부회장 심시원, 총무 서승태, 교육부장 장이환, 재정부장 이남종, 회계 현석동, 서기 이윤호·이철배, 간사 한영욱·이찬세, 평의원 김교홍 외 10명 등이었다.[14] 곧이어 지회장 김병수, 부회장 김열제, 찬무장 김병익, 평의원 김좌진·김현복·이은경 등 임원진 교체가 있었다. 이 시기를 전후하여 김좌진 등 안동 김씨 문중인사가 대거 지회원으로 가담하였다.[15] 이들은 관료를 역임한 인물들로 전통적인 가치관에서 벗어나 새로운 변화에 부응하는 이른바 개신유학자였다. 이외에도 목천·연산·당진·청양 등지에도 지회가 설립되어 변화를 이끌었다. 1909년 2월까지 설립 인가된 충남 도내 지회 현황은 〈표1〉과 같다.

〈표 1〉 기호흥학회 충남 지역 지회 현황[16]

지회명	지회장	부회장	주요 부서명	회원수	설립 인가일
서산	김영년	임명재	총무부, 교육부, 재정부, 회계, 서기, 간사, 평의원,	76	1908. 5.10
해미	–	–	–	36	1908. 7.12
공주	장세호 (김영도)	김재근	총무부, 교육부, 서기, 평의원	30	〃
목천	심형택	윤중섭	총무부, 교육부, 재정부, 회계, 서기, 간사, 찬무원, 평의원	81	1908. 8. 9
연산	–	–	–	34	1908. 9.13
당진	인홍수	강대윤	총무부, 교육부, 재정부, 회계, 서기, 간사, 찬무원, 평의원	32	1908. 9.27
홍주	서병태 (김병수)	김시원 (김열제)	총무부, 교육부, 재정부, 회계, 서기, 간사, 찬무원, 평의원	53	1909. 1.16
청양	김용현	조재도	총무부, 교육부, 재정부, 회계, 서기, 간사, 평의원	46	1909. 2.20

〈표1〉에 나타난 바처럼, 지회는 지회장·부회장·총무·서기·교육부·재정부·회계·간사·찬무원·평의원 등으로 구성되었다. 이러한 체제는 본회와 매우 유사하였다. 지회 재정은 지회원의 회비와 유지들의 기부금으로 충당되었다. 본회에서 지역 소재 기부 전답에서 나온 수익금 일부를 나누어주는 경우도 있었다. 당시 모든 계몽단체의 재정상태가 빈약하듯이, 도내 지회도 다르지 않았다. 가장 왕성하게 활동한 홍성지회조차도 재정난을 호소하는 한편 재정 부족으로 활동이 위축된다고 토로할 정도였다. 물론 재정의 대부분은 사립학교나 의무학교 운영비 등에 사용되었다.

지회의 주요 활동은 근대적인 교육기관의 설립에 집중되었다. 전통교육기관인 사숙이나 의숙 등을 폐지하자는 주장은 이러한 시대 상황과 맞물려 있었다. 이들은 전통교육기관 운영 주체들을 '촌학구가(村學究家, 시골 글방의 선생으로 식견이 좁고 고루한 사람)'로서 양육강식이 지배하는 생존경쟁 시대에 전혀 적응할 수 없는 나약한 존재로 인식했다.[17] 또한 구학문에 매몰된 이들에게 국권회복과 민권신장은 공염불에 불과할 뿐이라고 강조하였다. 사립학교 설립에 의한 민족교육을 시행할 때에만 비로소 국권회복은 도모될 수 있다는 논리였다. 이러한 생각은 사립학교 설립운동과 야학운동 확대와 교육 내실 강화를 위한 노력으로 이어졌다.

공주지회는 전 참판 김건한, 전 군수 민영진, 전 참봉 이근중 등을 중심으로 향교 내에 사립학교를 설립하여 수십 명의 학생에게 신·구학문을 가르쳤다. 학비는 공주군 내 독지가들의 의연금으로 충당하는 등 경내에 교육열이 고조되는 계기가 되었다. 이는 본회가 향교 내에 학교 설립을 권유한 일에 지회가 호응하고 있음을 보여준다. 회원 이근영은 향교 내 설립한 흥호학교 학생들에게 머리를 자르라고 권유했고 직접 모자를 선물하는 등 위생생활에 대한 관심도 기울였다.[18] 은진·예산·영동 등지를 비롯한 남양·옥천에서도 이러한 취지에 부응하고 있었다.

이처럼 지회의 주요 활동은 근대교육기관 설립·후원이나 강연회 개최 등 계몽활동에 집중되었다. 사숙·의숙·서당인 전통교육기관에 근대적인 교수법이나 교과목을 편성해 근대교육 보급에 노력했다. 이러한 가운데 의무교육에 의한 근대교육 시행은 당면한 현안으로 떠올랐다. 사립학교에 의한 근대교육운동 확산과 진전은 이러한 상황과 맞물려 급속하

우리암 선교사의 선교활동

게 진행되었다. 물론 상당수 계몽론자는 문명화론에 기우는 등 제국주의 침략에 대해 '비교적' 낙관적인 입장이었다. 이들은 앙육강식 원리에 입각한 제국주의 식민지배를 '당연한' 국제질서로 인식했다.

한편 '절대자 앞에서 만민평등'이라는 슬로건은 신분제 아래에서 고통받는 하층민이나 부인 등에게 새로운 '등불이자 희망봉'으로 다가왔다. 한미수호통상조약 이후 국내에서 개신교 선교활동은 본격적으로 이루어졌다. 미국을 선두로 캐나다·호주 등 선교본부는 앞다투어 한국에 선교사를 파견했다. 개신교단에서는 선교사를 파견하여 공주에 선교거점을 마련하고 본격적인 선교활동에 들어갔다. 공주에서 최초로 선교활동을 시작한 교단은 침례교였지만 가장 왕성한 활동을 펼

친 교단은 감리교단이었다. 1896년 처음 공주에 온 감리교 선교사는
스크랜턴(W.B.Scranton)이었다. 이어 서원보(W.C.Swearer, 徐元輔), 맥
길(W.B.McGill), 로버트 샤프(Robert Sharp) 부부, 우리암(Frank Earl
Cranston Williams, 禹利岩) 부부 등이 차례로 파견되었다.[19]

　　서원보의 보고서에 따르면, "분명히 공주는 충청도에서 가장 중
요한 곳이다. 이 고장 어디에서나 공주의 영향력이 행사되고 있었기 때문
에 이곳은 선교사업의 결정적인 요충지라 할 수 있다."고 밝혔다. 기대와
달리 현지인 반응은 상당히 배타적이었다. 사애리시의 논산 지역 선교활
동에 대한 회고는 이를 분명하게 보여준다. 이는 공주 지역의 특수한 상
황이 아니라 선교 초기 국내 어디에서나 나타난 일반적인 분위기였다. 이

들은 차가운 주민들 반응에 전혀 얽매이지 않고 의료와 교육활동에 열성을 다했다. 서양의학에 기초한 의료활동과 사회복지활동은 주민들의 관심을 끌기에 안성맞춤이었다. 가난하고 위생관념이 부족했던 당대인들은 항상 질병이나 전염병에 노출되어 있었다. 질병의 고통으로부터의 해방은 미래를 향한 에너지원을 제공하는 샘물과 같았다. 사경회나 주일학교를 통한 문맹퇴치운동은 주민들의 인식 변화를 이끄는 든든한 밑거름이 되었다.[20] 교세 확대와 주민 인식 변화는 사소한 일상사와 더불어 가치관 변화로 이어지는 결정적인 계기였다.

3

근대교육으로
사회적인 책무를 자각하다

갑오개혁은 정치·사회·문화 등 전반적인 개혁으로 이어지면서 교육개혁을 수반했다. 8아문 중 하나인 학무아문은 교육업무를 전담하는 기관으로 총무국, 성균관 및 상교서원 사무국, 전문학무국, 보통학무국, 편집국, 회계국 등을 두었다. 법령에 따라 충남 최초의 공립소학교 설립은 공주군·홍성군에 계획되었다. 학부는 한성부를 비롯해 5개소에 공립소학교 설립 계획을 세우고 위치 등을 결정했다. 처음 계획과 달리 공주소학교는 1898년에야 겨우 교육시설을 부분적이나마 마련할 수 있었다. 초기 교과과정·교육방법·교육내용 등은 전통교육기관 수준에서 크게 벗어나지 않았다. 정부의 의지 부족, 부적격한 교사진, 미비한 교육시설 등이 요인이었다.[21]

공립소학교에 대한 담당 기관의 관리도 제대로 이루어지지 않았다. 교장을 겸임한 지방관은 이임된 지 몇 개월이 지나도록 충원되지 않았다. 빈번한 지방관 교체는 안정적인 소학교 운영을 사실상 불가능

일제강점기 공주공립보통학교

하게 만들었다. 운영비 부족도 공립소학교에 의한 근대교육 진전을 가로막는 커다란 장벽이었다. 학부는 궁내부에 조회하여 관내 원토(院土) 수입을 각 공립학교 재정으로 충당할 수 있도록 협조를 요청했다. 이러한 요청은 이른바 '부처이기주의'로 말미암아 받아들여지지 않았다. 학교 운영비나 교과서 등도 적절한 시기에 집행·보급되지 않았다. 더욱이 공교육과 관련된 예산은 전체 중 2~5%로 너무나 미미해 교육시설 확충이나 교사진 충원은 엄두조차 낼 수 없는 형편이었다. '허술한' 공교육은 겨우 명맥을 유지할 뿐 사실상 근대교육은 전면적인 위기를 맞았다.

　근대교육이 확산되는 가운데 강제병합 직전 공주공립보통학교 학생은 200여 명에 달할 정도로 꾸준히 늘어났다. 재학 중인 나시영·김기철·임정호·이건호 등은 교우회를 조직했다. 이들은 학문을 강론하고 환난에 서로 구제함을 목적으로 삼았다. 곧 상호 권면과 부조를 통

일제강점기 영명실수학교

한 근대교육 보급과 학생들에게 자부심을 복돋우려는 의도였다.[22] 이는 조선시대 자치조직인 향약의 덕목과 유사한 점에서 시사하는 바가 적지 않다. 전통의 계승과 새로운 시대변화에 부응하려는 학생들의 인식과 정세관을 보여주기 때문이다.

한편 근대교육 보급을 선교사업의 하나로 추진한 인물은 앨리스 샤프(Alice Sharp, 史愛理施, 이하 사부인) 여사였다. 사부인은 남성과의 관계에서 여성의 지위 향상과 더불어 사회적인 약자로서의 자괴감에서 벗어나도록 여성들에게 많은 가르침을 주었다. 이듬해에는 주일학교·여성 구약강좌·성경공부반을 개설하는 등 여성들이 교회에 참여하도록 적극적으로 이끌었다. 단순한 신앙생활을 벗어나 체험을 통하여 변화하는 시대 상황을 일깨우려는 의도였다. 호사다마라고 할까. 불행하게도 사부인의 남편 '로버트 샤프' 선교사는 논산 지역에서 순회 전도를 마친 후 귀가하다가 장티푸스에 감염되어 공주에 온 지 약 2년 만인 1906년 3월에 사망하고 말았다.[23] 두려움과 절망감에 휩싸인 사부인은 미국으로 돌아갔다. 고향에서 정신적인 안정과 건강을 회복한 사부인은 2년 만에 '제2의 고향' 공주로 다시 돌아왔다.

공주에 도착하자 사부인은 순회 전도와 여성교육 보급에 열과 성을 다했다. 1년 중 상반기는 사경회, 하반기는 순회 전도에 집중하였다. 사부인은 가는 곳마다 마을에 머물면서 복음 전도를 해달라는 요청을 받았다. 사부인은 순회 전도를 할 때 반드시 손풍금을 가지고 다녔다. 새로운 악기로 반주에 맞추어 찬송가를 부르는 등 주민들로부터 집중적인 관심을 받았다.[24] 교육적인 열정은 다음을 통하여 엿볼 수 있다.

동여사는 지금으로부터 38년 전인 음력 4월 1일에 북아메리카에서 이곳에 와서 충남을 일원으로 선교교육사업에 38년간을 성심성의로 종사하였다. 동여사는 조선을 건너올 때는 28세의 꽃다운 청춘으로 충남 각지에 선교와 교육사업에 진력하는 중에는 비상한 파란을 거듭하며 공주, 천안, 논산, 입장, 아산, 둔포, 경천 각지에 학교를 설립하고 대전, 공주, 논산에 유치원을 경영하여 수많은 영재를 길러내어 그의 공적은 실로 너무나 대단하다. 당일 식장에 임석한 동여사는 당년 66세의 백발이 성성한 노구로서 선명한 조선부인 의복(한복)으로 단장하고 제막식 절차에 의하여 여사의 감개무량한 답사로 이어졌다. 자기는 노령선교 만기로 내년 봄에는 조선을 떠나 본국 양로원으로 돌아가겠으나 자기의 사업만은 남기고 가니 뒤를 이어 영원히 계속하기를 바란다고 하여 일반을 감격하게 하였다.[25]

사부인의 전도활동과 교육활동은 충청 지역 여성들에게 자기 존재성을 각성시키는 원동력이었다. 특히 여성교육과 유치원교육은 사실상 그녀에 의해 개척되고 실행되었다고 해도 전혀 과언이 아니다.[26]

사애리시 선교사(맨뒷줄 오른쪽에서 두 번째)와 제자들

　　한편 영명학교 창설자인 우리암은 미국 콜로라도주 출생으로 1906년에 덴버대학을 졸업하였다. 덴버대학 재학 중 자원봉사단으로 활동하다가 머나먼 한국 땅을 향해 태평양을 건넜다. 긴 항해 끝에 무사히 서울에 도착한 지 2주 만에 공주로 왔다. 우선적인 사역은 불의의 사고로 사망한 샤프 선교사 부부가 운영하다가 폐교된 명설여학당을 다시 여는 일이었다. 이를 계승한 학교가 영명학교로, 시설을 확충하고 교사로 배재학당 출신인 윤성렬을 초빙하여 10월 15일에 개교할 수 있었다. 우리암의 열성적인 활동에 학생은 15명으로 늘어났다.

　　영명은 '영원한 빛'이라는 뜻으로 기독교의 영생·빛·광명 등을 의미한다.[27] 곧 '어두운 세상을 밝히는 영원한 빛이 되라'는 뜻을 담았다. 공주 지역의 문명과 개화를 위한 근대교육을 실시하려는 강력한 의지의 표현이기도 하다. 교육목표는 신앙인·교양인·기능인을 양성하는 동시에 '나라와 겨레를 위해 몸 바치는 애국자' 양성에 중점을 두었다.[28] 한민족과 시대가 요구하는 참된 신앙인으로서 자기를 희생할 줄 아는 인재양성은 궁극적인 지향점이었다. 동시에 자신의 운명을 스스로 개척하여 민족공동체로서 운명을 같이할 수 있는 능력 배양도 모색되었다. 기독교계 학교 중 영명이라는 명칭을 사용한 지역은 청양·인천·강화·군산·철원·언양·풍덕 등지였다.[29]

우리암은 영명학교 학제를 가을학기(9~2월)와 봄학기(3~8월) 2학기제로 운영했다. 교과과정은 1학년이 성경·수신·국어·한문·창가·체조·영어, 2학년은 성경·수신·국어·한문·영어·국사·실업·지리·대수·도화·창가·체조, 3학년은 성경·수신·국어·한문·영어·만국역사·실업·지리·대수·도화·창가·체조 등이었다. 성경·수신·국어·한문·영어·도화·창가·체조 등은 필수과목으로 편성되었다. 1910년 강제병합에도 영명학교는 충청 지역을 대표하는 교육기관으로서 발전을 거듭하고 있었다. 조선총독부 당국이 미일 관계를 고려하여 기독교계 학교에 대해 '상대적인' 자율성을 주었기 때문이다. 안정적인 재원 확보를 위해 창립10주년 기념행사의 일환으로 대대적인 모금운동이 전개되기도 하였다.

선교사업에 자극을 받은 공주인의 본격적인 근대교육 시행은 1904년 사립학교가 설립되면서 시작되었다. 참봉 김영도, 선달 이교현, 감찰 김석희 등은 명화학교 설립을 위한 의연금을 모았다.[30] 이들은 남필을 교사로 초빙하여 공주부 내 청년자제 교육에 노력했다. 11월에는

학교 설립에 관한 사항을 학부대신에게 보고하였으나 이를 인가받지 못했다. 그럼에도 이들은 8월에 명화학교 개교식을 거행하는 등 근대교육기관으로 자리매김할 수 있는 기반 구축에 노력했다. 학교장은 충남관찰사가 맡았다.

1905년 2월 교사를 증축하면서 목재 운반에 학생들을 동원하고 목재 대금을 부과하는 등 학생들의 커다란 불만을 사기도 했지만, 관찰사는 교사 증축과정에서 드러난 문제점을 곧바로 해결하여 면학 분위기 조성에 노력을 아끼지 않았다. 이리하여 명화학교는 공주 지역을 대표하는 근대교육기관으로 자리매김할 수 있었다.[31] 1906년 3월 당시 학교 운영비와 교육 시설 확충을 위한 의연금 모금에 주민들이 대거 참여한 사실은 이를 분명하게 보여준다.

일제강점기 교육 모습

특히 주목되는 부분은 친일 세력의 대명사인 일진회 충남지회가 참여한 점이다. 새로운 시각에서 일진회 지회원 활동에 주목하고 다시 평가해야 할 대목 중 하나이다. 중앙 일진회 임원들은 반민족적인 매국활동에 물불을 가리지 않았다. 반면 지회원들은 계몽운동은 물론 주민들 권익을 옹호하는 경우도 적지 않았다는 사실이다.[32] 다만 일본인의 명예교사 참여와 일본어에 치중한 교육은 많은 문제점을 안고 있다는 엄연한 사실을 지적해야 한다. 황성신문사는 학교 운영에 대하여 여러 차례 보도할 정도로 높은 관심을 보였다.

운동회는 학생은 물론 주민들과 유대관계를 돈독하게 하는 지역축제이자 정정당당한 경쟁을 통해 학생들의 자신감을 북돋우는 교육

일제강점기 영명여자보통학교 운동회

현장으로 주목받았다. 한편 공주군 출신 국내외 유학생들은 유학생학우회를 조직하기도 했다. 이들은 방학을 이용해 계몽활동을 전개하는 등 지역사회에 대한 사회적 책무를 소홀히 하지 않았다.

호서학당(육영학원)도 을사늑약이 체결된 이듬해 1906년에 설립되었다. 과정과 주요 교과목은 다음과 같다. 초등과는 1년으로 수신·

71

국문·한문·역사·지리·일어·산술·박물·체조·창가 등이었다. 중등과는 3년 과정으로 윤리·국한문·동양역사·외국지리·일어·수학·박물·물리·화학·체조·창가 등으로 구성되었다. 별과는 3년으로 윤리·일어·수학·부기·정치학·경제학·재정학·법학·사학·체조 등이었다. 입학자격은 15세 이상 25세 미만이었으며, 시험과목은 국한문·독서·작문 등이었다.

설립자는 이현주, 교장은 이은철, 교사진은 명예교사 박사 조병위, 와세다대학 문과생 천야절, 초등과 교사 공주호서학당 수업생 김열제 등으로 구성되었다.[34] 목적은 문화개명과 청소년 지식능력을 기르는 데 있었다. 이듬해 10월에는 재정난으로 공주공보교로 재학생들을 편입시켰다.

이교락·정인억 등도 익구곡면 대장리에 대장학교를 설립했다. 학교 위치는 종교인 정인억의 집이었고, 군수인 권태용을 교장으로 추대했다. 개교 당시 재학생은 40여 명에 달하는 등 상당한 호응을 받았다. 설립취지서에는 근대교육의 중요성과 시급함을 언급했다.

옛날이나 현재 사람이라도 위로 임금과 아버지가 있으며 아래로 자손이 있고 전후좌우로 사회가 있도다. 두 눈으로 자가일신(自家一身)을 심시(審視)하면 체양(體樣)이 가이 적으나 일신으로 시작하여 상하 사방을 두루 살펴보면 책임이 대단히 크다. 일신으로 다대한 부담을 승당(勝當)할 능력이 어디에 있는가. 가령 크게 육성하여 용기를 겸하여도 불능할지요, 도석(陶石)의 부를 함께 해도 불능할지요. 오직 지식이 풍부하여 실천하는 학문이라 금일 경쟁시대에서 살아남아 문명개화를 달성할 수 있으리라.[35]

치열한 생존경쟁시대에 부응할 방도는 물질적인 풍요가 아니라 지식 배양을 통한 인재 양성임을 분명하게 밝혔다. 대장학교를 계승한 양영학교는 개교 이후 연합대운동회를 개최하는 등 근대교육의 시급함을 주민들에게 대대적으로 선전했다.

(1908) 6월 18일 공주 사립양영학교에서 춘기운동회를 개최하였다. 이 학교 재학생 101명과 다른 학교 학생 250여 명은 빈약한 나라는 부강한 나라를 본받음에 불과할 듯하나 공부는 어찌 쉬운 일인가. 동서를 통관하면 오직 실용학문에 의한 교육만이 양재를 양성할 수 있다. 허약한 체질은 공부하는 데 가장 커다란 장애물이다. 그런 만큼 지적인 배양도 중요하지만 건강한 신체 단련은 무엇보다 중요하다.[36)

이처럼 "건강한 신체에 건강한 정신"이라는 격언이 학교운동회를 통해 점차 확산되기 시작했다. 운동회는 학생들에게 건강과 신체단련의 중요성을 일깨우는 교육현장이었다. 특히 각지에서 열린 연합운동회는 지역민에게 축제의 장으로 자리매김하였다. 운동회 이후에는 대부분 연설회나 강연회가 개최되어 당면한 현안을 해결하기 위한 의견 수렴이 이루어졌다.

계몽단체의 활동은 사립학교 설립운동의 저변을 지방으로 확대시키는 등 근대교육 보급에 이바지하였다. 그러나 열의와 달리 대부분 설립된 지 1~2년 만에 통·폐합되는 등 교육활동 운영에 어려움을 겪었다. 민생경제의 파탄과 의병전쟁 확산에 따른 사회적인 불안 등이 원인이었다.

주민들 부담에 의한 '의무교육'인 경우는 비교적 원활하게 운영될 수 있었다. 이동휘가 강화도를 중심으로 운영한 보창학교지교와 서북학회가 해서·서북 지역에 운영한 협성학교지교 등은 이러한 사실을 방증한다.[37] 충청지역 사립학교 중 교세를 발전시킨 대부분 역시 주민 부담에 의한 의무교육 형태로 운영되었다. 사립학교에 의한 근대교육이 확산되는 가운데 근로청소년을 위한 야학도 실시되었다. 일제는 「사립학교령」, 「기부금품모집취체규칙」 등을 통해 근대교육운동을 억압·통제하였다. 이는 계몽론자들이 비교적 규제가 거의 없는 야학운동에 관심을 갖는 계기가 되었다.

일제강점기 공주여고 학생들의 모습

충청도 야학운동은 1907년 공주군 진명야학교 설립으로부터 시작되었다. 탁지부 주사인 김영두·김우진, 은행원 이남식, 당지 유지 이현주·박동환 등이 설립에 참여했다. 주요 교과목은 경제·산술·부기·상업일반 등이었다. 피교육생은 주로 상업계에 종사하는 근로청소년이었다. 주민들의 관심은 이를 계기로 점차 확산되었다. 운영 주체는 대부분 지방관리·교사·개신유학자·실업가 등이었다. 1910년 상무도가 내에 김관희·김인태·김기명 등도 상업종사자를 위한 노동야학을 세웠다.[38] 주요 교과목은 한글·산술·부기 등으로 실무능력 향상에 중점을 두었다. 대한제국기 근대교육은 주민들의 절대적인 호응을 받았다. 공주 지역도 새로운 교육운동 '메카'로서 자리매김하고 있었다. 주요 근대교육기관을 정리하면 〈표 2〉와 같다.

〈표 2〉 대한제국기 공주 지역 근대교육기관 현황[39)]

설립년	학교명	위치	설립자	교사진	교과목, 주요 사항	학생 수	전거
1898	공주공립소학교; 공주공보교	공주 읍내	심기섭:군수	–	국어·산술 습자·수신 작문 등	소수	관보 ; 大1907.10.29 (육영학교), 10,30 ; 대1907.10.30 ; 황1907.7.8 ; 만1906.9.30, 12,13
1904	명설학당; 영명여학교	공주 읍내	사부인	사부인·윤성렬 송철인·우애리시	성경·한글	4(40)	영명100년사
	사립학교	공주	조흥현·정세현	–	–	–	만1907.6.28
	명화학교	공주	김영도·이교현 김석희	남필	–	–	황1904.4.30, 11.11, 1908.1.24 ; 만1906.12.13, 1,22
1906	영명남학교; 영명학교	공주 하미동	우리암	윤성렬·오례택 이정찬·신현구 이중우·도상규	제3회 졸업식	–	대1910.6.24 ; 매1910.11.5, 1911.6.16 ; 동1927.6.16, 10,21(사), 1935.6.26(사진)
	중흥학교	공주	–	–	–	–	大1907.6.14
	야소여학교	공주	–	–	국채보상의연금	–	대1907.7.31
	육영학교; 육영학원	공주 고성리	이현주	이은철:교장	초등과(1년) 중등과(3년) 별과(3년)	–	大1907.10.29 ; 대1907.10.29 ; 만1906.9.22, 12,13, 1907.1.22
	공산학교; 금성학교	공주	유지제씨	–	일어·한문 산술	–	大1908.6.6 만1906.12.13
	호서학당	공주	유지제씨	관신태랑	일어	–	만1906.12.13
1907	진명야학교	공주	김영두·김우진 이남식	좌동	경제·산술 부기·상업	40	만1907.5.21
1908	사립학교	공주 화천 효동	윤자화·김중태	–	–	40	大1908.4.4
	대장학교	공주 익구곡면 대장리 종곡	이교락·정인억 등	권태용 (군수):교장	–	40	大1908.6.6 황1908.5,31, 10.15
	양영학교	공주	–	–	춘기운동회	200	大1908.6.20
1910	여학교	공주 경천리	원명학교 임원	백락성; 학감	–	–	대1910.6.17 大1910.6.18
	원명학교	공주 경천리	–	–	–	–	大1910.6.18
	흥호학교	공주 향교내	유생	–	관철사의 늑탈	–	大1910.6.25
	노동야학교	공주 상무도가 내	김관회·김인태·김기명	좌동	한글·산술 부기 등	상업 종사자	황1910. 8,23
	충남중학교 (계획)	공주	김성근·남정철 윤웅렬·정주영 김각현·정영택 윤치성·김교준	일제 압력으로 중단	설립취지서	–	대1910.6.5, 7.16, 7.26, 7.28, 8.6, 8.17 ; 大1910.7.29, 8.3, 8.17

〈표 2〉에 나타난 근대교육기관 중 야학은 비교적 잘 알려진 경우였다. 문화운동이 확산된 1920년대조차 야학운동과 관련된 신문기사는 상당 부분이 누락되었다. 1925년과 1929년 『동아일보』가 특집기사로 다룬, 군을 단위로 하는 주요 교육기관 중 야학은 일부분만 언급되었을 뿐이다. 이상의 특성을 살펴보면 다음과 같다.[40)

　　첫째, 설립·운영자 대부분은 전·현직 관리였다. 이들은 근대교육운동을 주도하는 중심인물이었다. 자강단체 지회나 계몽단체 등도 이들에 의해 조직·운영되었다. 하급관리 동참은 근대교육 보급을 위한 기반 확충에 변화를 이끄는 요인 중 하나였다.

　　둘째, 을사늑약과 「사립학교령」 시행 전후 근대교육은 확산·보급되는 계기를 맞았다. 특히 후자는 의병전쟁의 확산과 무관하지 않았다. 일제의 탄압으로 사립학교 설립운동이 한계에 직면해 퇴조하던 분위기와 달리 공주는 오히려 근대교육의 확산을 엿볼 수 있는 점에서 주목된다.

　　셋째, 일본인 관리·교사·실업가 등이 후원자·명예교사로서 활동하였다. 이들은 일제 침략의 첨병으로 문명화를 빙자하여 일본어를 보급했다. 근대교육운동에 참여한 이들의 계기는 대부분 불순한 의도 속에서 이루어졌다. 1910년대 일본어 보급을 위한 '국어강습회(소)' 성행은 이러한 배경과 무관하지 않았다.

넷째, 선교사업에 의한 사립학교 설립은 공주 지역은 물론 충청도 일대 근대교육에 상당한 영향을 미쳤다. 개신교는 전국적으로 3,000여 '종교학교'를 설립하는 등 선교사업의 일환으로 근대교육 보급에 노력을 기울였다. 목적은 교세 확장에 있었으나 이러한 과정은 한글에 대한 인식을 새롭게 하는 계기가 되었다.[41] 일제강점기 유치원 설립운동이나 야학운동 등도 기독교계 청년단체에 의하여 주도되었다.

다만 아쉬운 점은 강제병합 직전 충남중학교 설립을 위한 노력이 결실을 거두지 못한 부분이다. 발기인은 남정철·정주영·조동희·정영택 등이었다.[42] 발기한 지 10여 일만에 5,000원이라는 거금이 모금되었다. 이는 충남인의 중등교육에 대한 열망이 어느 정도인가를 가늠할 수 있는 지표나 마찬가지였다. 일제의 식민지화가 심화되면서 물거품으로 사라졌지만 역사적인 재평가가 요구되는 부분임이 틀림없다.

4

국채보상운동 참여로
자기존재성을 각성하다

러일전쟁은 한민족에게 커다란 충격파로 다가왔다. 우리가 멸시하던 '왜놈'이 러시아와 결전하리라는 풍문이 현실이었기 때문이다. 대한제국 정부는 전쟁의 소용돌이에서 벗어나고자 엄정한 국외중립을 선언했다. 그런데 선언은 선언으로 그치고 말았다. 일제는 원활한 전쟁 수행을 위해 인적·물적 자원의 강제 징발을 서슴지 않았다. 전신선이나 주요 시설 등을 저들의 군용시설로 강제 수용하는 등 불법을 일삼았으나 대한제국 정부는 이를 저지하지 못했다. 심지어 친일 세력은 일제의 선전에 철저하게 동원되어 러일전쟁을 마치 동양평화를 위한 것인 양 주장하는 형국이었다.[43] 이들은 러일전쟁이 황인종을 말살하려는 백인종과의 대결에서 이를 지키려는 의로운 전쟁임을 강변하는 대변자였다.

전쟁에서 승기를 잡은 일제는 '시정개선'을 구실로 대한제국에 대한 내정간섭을 일삼았다. 저들은 차관공세를 강화하는 등 대한제국 식민지화에 본격적으로 착수했다. 재정고문인 메가다 다네타로(目賀田

種太郎)가 '화폐개혁'을 주도하면서 불환지폐(정화인 금·은 등의 본위화폐와 바꿀 수 없는 지폐)가 늘어나는 가운데 발생한 금융공황은 일제의 금융독점을 더욱 심화시키는 결정적인 요인이었다. 기업자금 명목으로 도입된 막대한 차관은 식민지 경영에 필요한 자금으로 유용되었다. 무차별적인 차관공세로 국채는 1907년 1월 당시 이미 대한제국 1년 예산에 버금가는 1,300여 만 원으로 늘어났다. 경제적인 예속이 심화되는 가운데 일제의 하수인으로 전락한 이완용을 비롯한 친일내각은 이를 변제할 능력이나 의지가 전혀 없었다.[44] 오히려 차관을 미끼로 '로비자금(口文)' 확보에 혈안이었다. 바람 앞의 등불과 같은 국가를 구하기 위한 몫은 한민족 구성원들에 의해 이루어질 수밖에 없었다.

나라빚 청산에 의한 독립국가 건설이 국채보상운동의 궁극적인 취지였다. 국채보상운동은 1907년 1월 대구 광문사 특별회에서 사장 김광제(金光濟)와 부사장 서상돈(徐相敦)의 발의로 시작되었다. 주요 참석자는 대구광문회와 대구민의소 회원들로 국채보상에 관한 구체적인 실천방안을 논의·결정했다. 대구 북후정에서 개최된 군민대회는 국민운동으로 전환되는 신호탄이 되었다. 주창자들은 취지서를 통해 국채보상운동을 국외 한인사회에도 알렸다.

『대한매일신보』를 비롯한 『황성신문』·『제국신문』·『만세보』 등은 이러한 역사적인 사실을 널리 알렸다. 대한자강회·서우 등 정치사회단체와 계몽단체 등도 기관지와 강연회·토론회를 통하여 '국력이 곧 경제력'임을 강조하고 나섰다.[45] 언론인이나 계몽활동가들은 이를 '시대적인 사명감'으로 인식·실천하는 분위기였다. 이처럼 누군가 시작을 알리면 기꺼이 동참하려는 사회적인 공감대도 형성되어 있었다.

미담 사례는 장날을 통하여 각지로 전파되는 가운데 경쟁적인 의연금 모금으로 이어졌다. 소식을 접한 광무황제는 스스로 단연(담배를 끊다)한다는 결심을 밝혔다. 이에 방관적인 지배층도 동참하는 등 분위기가 반전되었다. 의연금 모금 소식은 들불처럼 국내외 한인사회로 파급되었다. 미주나 러시아 연해주 한인들도 자발적인 모금에 나선 가운데 적지인 일본에 유학 중인 학생들도 적극적으로 참여했다. 이들의 적극적인 동참은 한민족 구성원들에게 자긍심을 일깨우는 계기를 부여하였다. 농민과 노동자는 물론 빈한한 살림살이를 맡은 이름 없는 부녀자들도 동참했다. 심지어 원산항 거지나 충주 도둑 등 계층을 망라한 참여는 국채보상운동이 국민운동으로 승화될 수 있었던 요인 중 하나였다.

지역사회 활동가들과 계몽론자들은 자발적인 참여를 위한 '취지서' 발표와 동시에 조직적인 모금을 위해 국채보상소를 조직했다. 신분이나 지위, 금액의 많고 적음을 가리지 않은 모금활동은 상당한 반향을 불러일으키기에 충분하였다. 이러한 분위기는 특정 지역에 국한되지 않고 국내외 한민족이 거주하는 곳이라면 어디든 일반적인 현상이었다. 충청도의 경우에는 주창자인 김광제가 충남 보령 출신인 것도 영향을 미쳤다. 홍주의병장 문석환이 쓰시마 유배생활 중 쓴 『마도일기』에 남긴 부분은 시사하는 바가 크다.[46] 국채문제를 개인이나 지역사회 차원을 넘어 국가적인 문제로 인식한 사실을 이를 통하여 엿볼 수 있기 때문이다.

충청도에서 최초로 조직된 국채보상소는 호중국채보상의조회였다. 충청남북도 54개 군을 아우르는 유지들은 단체 조직과 아울러 『국채보상의조권고문(國債報償義助勸告文)』을 내걸었다. 주요 내용은 다음과 같다.

인민이 있은 뒤에 나라가 있고, 나라가 있은 뒤에 인민을 편안히 할 수 있음은 옛날이나 지금이나 천하에 바뀔 수 없는 떳떳하고 당연한 이치이다.…(중략)…아! 큰 집이 기울어짐에 나무 하나로 받치고, 온 시냇물이 쏟아짐에 한의 물꼬로 흐름을 돌리니, 이것은 진실로 힘을 다하고 정성을 다하는 부류이다. 다행스럽게도 대구에서 지연회(단연회)를 창설하고 서울에서 기성회를 조직하니, 이는 우리 동포들의 제1 의무로서 목적이 달성되는 날에는 우리 동포들 제일의 행복이 될 것이다. 우리들은 손뼉을 치고 춤을 추듯이 좋아하고 기뻐할 뿐만 아니라 우리 충청도는 다른 지방에 결코 뒤질 수 없다고 생각하기에 떳떳하게 알린다. 남녀노소를 막론하고 음식을 줄이고 담배를 끊어서 능력에 따라 금액에 상관없이 모두가 의연에 동참함은 너무도 당연하다.[47]

이들은 공정한 의연금 관리를 위하여 의연금이 모이는 대로 성명과 금액을 상세히 기록하여 일일이 책자를 만들어 『대한매일신보사』로 올려 보내 신문에 광고했다. 이를 전후로 충청도 일대에는 군을 단위로 국채보상소가 경쟁적으로 조직되는 분위기였다. 활동가들은 국채보상을 사회구성원으로서 반드시 지켜야 할 '의무'임을 거듭 강조했다. 국채를 국가를 보위할 인민의 의무로서 인식하도록 계몽하는 동시에 경쟁적인 참여도 유도하였다.

예산군의 연금집합소는 취지서 발표와 동시에 모금활동을 전개했다. 발기인 정낙용·이범소·홍혁주·정준용 등 19인은 단연을 통한 국채보상 실현을 목적으로 효율적인 운영 방안을 천명하였다. 첫째, 관내에 거주하는 주민을 대상으로 의연금을 모집하였다. 둘째, 의연금은 각자 생활 정도에 따라 금액 다소에 전혀 구애받지 않는다. 셋째, 의연한 금액은 반드시 성명과 액수를 신문에 게재한다는 것이었다.[48] 투명한 의연금 관리와 자발적인 참여 방안은 주민들로부터 커다란 관심을 받았다.

전북 관내였던 금산군의 권창식·고제학·박항래 등 13인도 일심동맹회를 조직하고 취지서를 통하여 국채보상의 시급함을 역설하는 등 분위기 조성에 노력했다. 이들은 연속 『대한매일신보사』 광고란에 이를 알렸다. 주요 내용은 "단연 동맹과 같은 일에 대하여 진심으로 나라를 사랑함에 어찌 의연금의 많고 적음에 구애되겠습니까? 오직 우리 군의 여러 회원은 각 면과 마을 집집마다 깨우치고 설득하여 급선무인 의무에 대하여 알게 해주시오. 나라를 돕는 충정으로 자신의 역량을 다하여 작은 물줄기가 바다를 이루고 작은 흙덩이가 태산을 이룬다는 마음으로 1,300만분의 1이라도 돕기를 간절히 간절히 바랍니다."[49] 소식은 순식간에 군내로 퍼져 주민들의 자발적인 의연금 모집으로 귀결되었다. 국채는 개인적인 차원의 문제가 아니라 민족·국가적인 문제로서 각인되었다.

부여군의 민준식·이규철 등 8명은 단연동맹회를 발기한 후 취지서를 공포하였다. 구체적인 취지서 내용은 알 수 없으나 다른 지역과

대동소이하리라 생각된다. 한산·비인·서천군 활동가들은 연합하여 국채
보상기성의무사를 조직했다. 조돈승·윤영기·김병혁·김기청과 상규단 두
령(商規團頭領) 안백삼·김문보·홍구익 등은 주도 인물이었다.[50] 이에
자극을 받은 죽동에 거주하던 이사희는 빈곤한 가정 형편에도 150냥을
의연하였다.

공주군의 단연동맹회는 일찍 조직되었다. 군수 김갑순 등 3명은
국채보상지소를 설립하고 취지서를 발표했다.[51] 당시의 취지서는 찾을 수
없지만 취지서의 일부 내용이 1907년 5월 22-23일자 『대한매일신보』에 보
도되었다.[52] 대표자는 전의관 이근중(李根中) 등의 명의로 발표되었다.

…(상략)… 올해 정월 초에 만 사람의 하나된 목소리가 달성(대구)에서 나와서
처음에는 소리를 키우는 상자를 사용하지 않았지만 한 달이 지나자 삼천리
방방곡곡에 두루 전해지고 해외에도 널리 전해졌습니다. 저의 귀는 비록
8-9년 귀머거리였으나 어찌 뚫리지 않겠습니까?…(중략)… 홀아비나 과부와
고아나 늙어서 자식 없는 사람과 빌어먹는 사람, 고칠 수 없는 병을 가진
사람들까지도 응하지 않은 사람이 없으니 곤고(困苦)한 소리라고 말해도
옳습니까? 소리마다 반드시 크고도 영원할 것입니다(5월 22일자).

…(상략)… 국채라고 하는 것은 사서와 오경에서도 보지 못했습니다. 담배를
끊자는 의로운 소리는 이제(二帝)와 삼황(三皇) 시대에도 듣지 못한 일입니다.
그런데 지금에야 갑자기 주장되어 나왔으니 이는 국시(國是)와 다른 것이
거의 없습니다. 구시대의 견문으로 해치려고 '지금 사람들의 선동이 귀신이나
마귀와 같아서 두렵고도 예측하기가 어렵다.'라고 하면 이는 고루한 선비의
고집스러운 습성이니 고루하고 고루합니다.…(중략)…사물에 접하여 앉아서
고요함에 그때 고요함은 병이 아니며, 사물에 감응하여 움직임에 말이 없을
수 없으며, 말로 다하지 못하는 것은 영탄하여 소리와 가락을 일으킵니다.

국채보상의 처음과 끝의 조리에 견주어 말하기를 이는 황종이 만사의 근본이라고 말한 이유입니다. 고요하고 떳떳함이 있는 인자(仁者)가 그것을 한번 본다면 그것을 어질다고 할 것이요, 움직여 막힘이 없는 지자(智者)가 그것을 본다면 지혜롭다고 할 것입니다. 비록 일용(日用)을 알지 못하던 백성이라도 아울러 알게 함은 신문사의 글에 달려 있습니다(5월 23일자).

취지서 내용은 다른 지역과 비교하면 다소 어려운 부분이 적지 않다. 이러한 이유는 현지 상황을 반전시키려는 의도와 무관하지 않다고 생각된다. 즉 2월 말부터 의연금 모금이 시작되었으나 의도한 바와 달리 활발하게 진행되지 않았다. 초기에는 활발하게 진행되었던 직산군과 견줄 만큼 열성적이었으나 점차 답보상태를 면치 못하였다.

참여자 대부분은 개신유학자·개신교인·학생·승려 등이었다. 이는 전반적인 부진을 초래하는 요인으로 작용하고 있었다. 그런 만큼 유생층의 적극적인 참여를 통하여 분위기를 반전시키려는 의도가 이와 같이 선언서 내용에 담길 수밖에 없었다. 이처럼 충남 도내에서 조직·활동한 국채보상소는 선언서를 발표하기 이전에 대부분 조직되었다. 물론 공주군의 사례처럼 주민들의 적극적인 동참을 유도하기 위한 목적도 있었다. 도내에 조직된 국채보상소를 정리하면 〈표 3〉과 같다.

충남에 조직된 국채보상소 명칭은 국채보상의조회·국채보상기성회·국채보상일심동맹회·호서협성회·국채보상금수집소·국채보상동심사 등 매우 다양하다. '국채보상은 의무'라는 인식은 호서국채보상기성의무사·국채보상의무회·국채보상의무소·청성의무회 등에서 엿볼 수 있

〈표 3〉 충남 지역 국채보상소 현황[53]

지역별	발기인	보상소 명칭	전거
충남북	충남북 54개 군 유지신사	호중국채보상의조회	大3.7
덕산	조종호 · 이두재 · 이봉구 · 이두복	국채보상수합소	大3.20,5.24,5.28,6.27
홍주	주태환 · 황윤수	국채보상기성회	大6.4,6.7;만6.8
청양	양재봉 · 한명복	청무의성회	황6.29;만5.2
해미	채상만 · 윤명수 · 지동신 · 이기남 이근배 · 이기로	국채보상의무사	황4.29;大6.6
공주	성응운 · 박춘원 · 김봉여 · 노원하 이희용 · 성주환	단연동맹회	황3.9,3.11,3.28;大5.22-23
충남	이우 · 윤영 등	호서협성회	大5.19 · 21
부여	민준식 · 이규철 등 8인	단연동맹회	황5.1,6.7
예산	정낙용 · 이범소 · 홍혁주 · 정준용 등 19인	의연금모집소	황3.15;大9.15
금산	고제학 · 박학래 등 13인	국채보상일심 동맹회	황3.18;大3.19
한산			황3.8,4.20;大3.17
한산 · 비 인 · 서천	노재민 · 홍준유 · 조돈승 · 윤영기 김병혁 · 김기청	호서국채보상 기성의무사	황4.20;大3.17 · 19
연산	백진수 · 송진태 등 5인	국채보상회	황4.11,5.22
회덕		국채보상소; 대전의성사	大3.20,5.3,5.24
천안	심상정 · 조경희 등 15인	국채보상의무회	황3.28
전의	신호영 · 이창규 등 9인	국채보상동심사	황4.8
면천	김동욱 · 구연표 등 5인	국채보상의동회	황4.12;大4.5,4.19,5.9
홍산	이중현(군수) 등	국채보상소	황6.1;大5.11
은진	김영선 · 김영극	국채보상의무소	大4.26
직산	민옥현 · 김세제 · 임경재 · 오혁근 임긍호 등 27인	국채보상금수집소	황3.12,3.14,3.16,6.8, 1908.4.10
온양	이보상 · 조종섭 등 8인	국채보상의무사	황4.6
보령	김상묵 · 최석형		황4.8

다.[54) 한산과 연산의 경우에는 조직된 사실만 파악할 수 있을 뿐이다. 모금활동은 대부분 국채보상소를 중심으로 이루어졌는데 직접 대한매일신보사나 황성신문사로 의연금을 보내는 경우도 있었다. 이는 외부 세계와의 교류와 연대라는 측면에서 중요한 의미를 지닌다. 국채보상운동은 경제적인 자립과 더불어 참여로써 사회적 모순을 인식·타파하는 데 있었기 때문이다. 근대교육 확산과 이에 따른 현실인식 심화, 사회적 책무에 대한 공감 등은 이를 가능하게 했다.

공주는 외부 세계와의 원활한 소통으로 비교적 빨리 단연동맹회를 조직했다. 군수 김갑순이 시장에서 연설회를 개최하자 성응운·박춘원·김봉여·노원하 등은 지원을 아끼지 않았다. 현장에서 모금된 금액만도 수백 원에 달하였다. 명화학교와 공주공립보통학교 교직원과 생도들도 모금 대열에 앞장섰다. 명화학교 김영도 등 50여 명은 35환 40전, 공립보통학교 심기섭 등은 17원 31전 5리를 각각 의연했다.[55) 군인들도 자발적·조직적으로 참여했다. 공주주둔군 이병은을 비롯한 103명은 100환을 모았다. 갑사·동학사·개심사·대자암·사자암·신흥암·영은사 승려들도 적극적으로 참여하는 상황이었다.[56) 기독교인과 명신여학교 학생들도 자발적으로 동참했다. 이러한 분위기는 중국인의 동참으로 이어지는 등 초미의 관심사로 부각되었다. 중국 상인들의 자발적인 모금은 국채보상운동을 점차 인근 지역으로 파급시키는 활력소였다.

이처럼 공주 지역 국채보상운동은 다양한 계층에 의하여 진전되었다. 명화학교·명신여학교·공주공립보통학교 학생들의 참여는 사람

국채보상운동 파노라마(국채보상운동기념관 제공)

들의 이목을 집중시키기에 충분하였다. 이는 근대교육을 통해 깨달은 사회적 책무를 실천하는 교육 현장이었기 때문이다. 또한 개신교 여신 자들도 시세변화에 부응하는 일환으로 모금 대열에 앞장섰다. 참여를 통한 소중한 경험은 자긍심을 일깨우는 동시에 미래에 대한 새로운 설계를 도모하는 에너지원이었다. 애향심은 지역적인 차원을 넘어 점차 민족이나 국가에 대한 의무가 무엇인지를 모색하는 계기를 부여하였다. 사립학교 운영비 마련에 여성들의 동참은 이와같은 인식에서 말미암았다.

승려들의 모금도 조직적으로 이루어졌다. 비록 이를 수합한 단체명은 알 수 없으나 불교계는 국채보상운동이 시작되자 종단 차원에서 참여를 선언했다. 하지만 공주 지역처럼 조직적으로 전개된 경우는 없어 이에 대한 심층적인 분석이 요구된다.

근대교육운동·국채보상운동 등의 참여는 공주인에게 모순에 대한 현실인식을 심화시키는 요인으로 작용했다. 식민지화에 대한 위기 감은 자발적이고 경쟁적인 '공공성'에 관한 관심 고조로 이어졌다.[57] 이러한 소중한 경험은 폭압적인 식민지배에 저항할 수 있는 정신적인 유산이 되었다. 항일독립운동사에서 분수령적인 의미를 지닌 3·1독립운동이 거족적으로 전개된 배경은 이와 같은 역사적인 유산과 밀접한 연관성을 지닌다.

　　대한제국기 공주인의 교육계몽운동 등에 주목해야 하는 당위성은 바로 여기에서 찾아 볼 수 있다. 시대의 기억과 역사의 평가나 역사의 기억과 시대의 평가는 전승과 계승으로 오늘날 우리에게 다가오기 때문이다.

한말 공주 지역
교육계몽운동과 국채보상운동_주

1) 유기준,「조선시대 절의정신의 문화전통과 사족의 형성」,『공주시지』상,
    공주시지편찬위원회, 2002, 416쪽 ; 김정섭,『인물로 본 공주 역사 이야기』,
    메디치미디어, 2016, 399쪽.

2) 김형목,『대한제국기 충청지역 근대교육운동』, 도서출판 선인, 2016, 86쪽.

3) 김형목,『배움의 목마름을 풀어준 야학운동』, 서해문집, 2018, 38~39쪽.

4) 공주영명중·고등학교,『영명100년사』, 2007, 66~73쪽.

5) 김형목,「충남지방 국채보상운동의 전개양상과 성격」,『한국독립운동사연구』
    35, 독립기념관 한국독립운동사연구소, 2010, 154~155쪽.

6) 지수걸,「3·1운동」,『공주시지』상, 531~532쪽 ; 공주영명중·고등학교,
    『영명100년사』, 129쪽.

7) 양진석,「1894년 충남도지역의 농민전쟁」,『1894년 농민전쟁연구 4 - 농민
    전쟁의 전개 과정』, 역사비평사, 1995, 252~256쪽.

8) 『독립신문』1897년 2월 6일 잡보.

9) 김형목,『배움의 목마름을 풀어준 야학운동』.

10) 김형목,『대한제국기 야학운동』, 95~97쪽.

11) 편집부,「회중기사 ; 본회규칙」,『기호흥학회월보』기호흥학회, 6, 1909, 54~55쪽.

12) 편집부,「회중기사 ; 지회임원급회원명부(홍주군)」,『기호흥학회월보』7,
    기호흥학회, 56-57쪽.

13) 『대한매일신보』1908년 9월 23일 잡보,「유생과 회원」;『황성신문』
    1910년 1월 25일 잡보「금상첨화」.

14) 편집부,「회중기사 ; 지회임원급회원명부(홍주군)」,『기호흥학회월보』7, 5

15) 편집부,「회중기사 ; 홍주군지회 임원개선명부」,『기호흥학회월보』9, 1909,
    49쪽 ; 김형목,「애국계몽운동」,『충청남도지(근대)』8, 249쪽.

16)   김형목, 「기호흥학회 충남지방 지회 활동과 성격」, 『중앙사론』 15,
      한국중앙사학회, 2001을 토대로 정리함.

17)   김형목, 『대한제국기 충청지역 근대교육운동』, 95쪽.

18)   『황성신문』 1910년 6월 25일 「홍호교의 비련」, 7월 3일 잡보 『위기모자』.

19)   김정섭, 『인물로 본 공주역사 이야기』, 399~400쪽.

20)   황미숙, 「앨리스 샤프의 충청지역 여성 전도사업과 교육사업」,
      『한국기독교와 역사』 47, 한국기독교역사연구소, 2017, 218-219쪽.

21)   김형목, 『배움의 목마름을 풀어준 야학운동』, 43쪽.

22)   『황성신문』 1910년 1월 1일 잡보 「공보우황」 ; 『대한매일신보』 1910년 1월
      5일 학계 「교우회발긔」 ; 『대한매일신보』 1910년 1월 6일 학계 「보교우회」.

23)   김형목, 「사애리시(1871~1940)」, 『충남 여성의 삶과 자취』,
      충청남도역사문화연구원, 2017, 170~171쪽.

24)   황미숙, 「앨리스 샤프의 충청지역 여성 전도사업과 교육사업」,
      217쪽.

25)   『동아일보』 1938년 9월 5일 『사애리시여사 선교기념비제막식』.

26)   김형목, 「사애리시(1871~1940)」, 172~173쪽.

27)   공주영명중·고등학교, 『영명100년사』, 95~97쪽.

28)   김정섭, 『인물로 본 공주역사 이야기』, 396~398쪽.

29)   조성진, 「충남지역 근대교육 산실인 공주 영명학교」, 『독립기념관』,
      2011년 11월호, 독립기념관, 285, 24~25쪽.

30)   『황성신문』 1904년 4월 30일 잡보 「연금설교」, 1906년 3월 14일 광고
      「공주부사립명화학교보조금」.

31)   『황성신문』 1905년 6월 19일 「사도비여」.

32) 『황성신문』 1906년 7월 17일 잡보「교사시상」.

33) 『대한매일신보』 1908년 6월 20일 학계「양교운동」.

34) 『황성신문』 1906년 9월 21~26일 광고「학원모집광고」;『대한매일신보』
     1906년 10월 17일 잡보「호중이사」;『대한매일신보』 1907년 10월 29일
     잡보「육영이부」;『대한매일신보』 1907년 10월 29일 잡보『학교를 통합』.

35) 『황성신문』 1908년 10월 15일 잡보「대장복흥」.

36) 『대한매일신보』 1908년 6월 20일 학계「양교운동」.

37) 김형목,「대한제국기 강화지역의 사립학교설립운동」,『대한제국기 경기도의
     근대교육운동』, 경인문화사, 2016.

38) 김형목,『대한제국기 야학운동』, 경인문화사, 2005, 160 · 364쪽.

39) 황은『황성신문』, 大는『대한매일신보(국한문혼용판)』, 대는
     『대한매일신보(한글판)』, 만은『만세보』, 동은『동아일보』를 의미한다.

40) 김형목,「애국계몽운동」,『충청남도지(근대)』 8, 236~237쪽.

41) 조성진,「충남지역 근대교육 산실인 공주 영명학교」, 25쪽.

42) 『황성신문』 1910년 5월 31일 잡보「충남중학교발기」;『대한매일신보』
     1910년 7월 28일 학계「오천연금」.

43) 김형목,『배움에 목마름을 풀어준 야학운동』, 49쪽.

44) 김형목,「국채보상운동」,『충청남도지(근대)』 8, 254-256쪽.

45) 김형목,「충남지방 국채보상운동의 전개양상과 성격」,『한국독립운동사연구』
     35, 156쪽.

46) 김형목,「국채보상운동」,『충청남도지(근대)』 8, 261쪽.

47) 『대한매일신보』 1907년 3월 7일 잡보「국채보상의조권고문 호중신사 등」.

48) 『황성신문』 1907년 3월 15일 잡보「국채보상금모집취지서」.

49) 김형목,「충남지방 국채보상운동의 전개양상과 성격」,『한국독립운동사연구』
     35, 159쪽.

50) 『황성신문』 1907년 5월 1일 잡보「양군의거」;『황성신문』 4월 20일 잡보
     「삼군발의」.

51) 『황성신문』 1907년 3월 9일 광고, 3월 28일 잡보 「국채발기인급취지일속」.

52) 『대한매일신보』 1907년 5월 22-23일 잡보 「공주군국채보상취지서」 ;
     국채보상기념사업회, 『국채보상운동기록물–취지서·발기문』 1, 2017,
     302~309쪽.

53) 김형목, 『충청도 국채보상운동』, 도서출판 선인, 2016, 26~27쪽.

54) 김형목, 「충남지방 국채보상운동의 전개양상과 성격」, 『한국독립운동사연구』
     35, 161~162쪽.

55) 『황성신문』 1907년 7월 8일 광고.

56) 이승윤, 「대한제국기 불교계의 동향과 국권회복운동」, 충남대학교 박사학위
     논문, 2019, 118~119쪽.51)

57) 김형목, 「국채보상운동에서 21세기 국민통합을 모색하다」, 『국채보상운동과
     여성구국운동의 재조명』, 천지당, 2017, 13쪽.

이 성 우

충남대학교 충청문화연구소 연구원

충남대학교 인문대학 국사학과 동 대학원 졸업(문학석사)
충남대학교 인문대학 사학과 대학원 졸업(문학박사)
한국근현대사학회 이사 역임
충남대학교 충청문화연구소 전임연구교수 역임
공주교육대학교 사회과교육과 겸임교수 역임

〈주요논저〉
『만주항일무장투쟁의 신화 김좌진』
『청양의 독립운동사』(공저)
『홍성의 독립운동사』(공저)
「1920년대 이육사의 국내 독립운동」
「1910년대 경북지역 독립의군부의 조직과 민단조합」
「창려 장진홍의 생애와 조선은행 대구지점 폭파의거」
「1910년대 독립의군부의 조직과 활동」 등.

1910년대
공주인의 독립운동과
자결순국 투쟁

고마나루 전경

고마나루 의병 훈련지

자결순국 투쟁은 자신의 목숨을 스스로 끊어 일제침략에 항거했던 독립운동이다. 오강표와 이학순은 공주 출신으로 자결순국 투쟁을 벌였다. 오강표는 1905년 을사늑약이 체결되자 을사오적을 토벌해야 한다는 상소문을 지었지만, 이것이 전달되지 않자 공주향교에서 음독 자결을 시도했다. 그러나 향교 직원에게 발견되어 자결에는 실패했다. 오강표는 은거생활을 하던 중 1910년 한일 강제병탄의 소식을 접하고 공주향교에 들어가 1910년 11월 17일(음력 10월 16일) 강학루에 목을 매 자결 순국했다. 이학순은 기호유림으로 성리학 이외의 학문이나 사상에 대해서는 배타적이었으며 충남 연산의 돈암서원에 설립되는 사립 찬명학교 설립 반대운동을 벌였다. 이학순은 1910년 한일강제병탄이 이루어지자 자정(自靖)의 길을 선택했다. 이학순은 일제가 은사금을 보내자 수령을 거부했으며, 옥중에서 단식하며 일제를 꾸짖기까지 했다. 그러자 일제는 이학순이 나이가 많고 병이 심한 것을 보고 잠시 풀어주었고, 이학순은 이 틈을 이용해 음독해 자결 순국했다. 이철영은 1909년 「치일본정부서(致日本政府書)」를 작성해 일제의 침략을 비판했으며 일제가 시행하는 민적에 이름을 올리는 것을 거부했다. 일제는 그를 수차례 투옥해 강요했으나 그는 끝까지 항일의 뜻을 굽히지 않았다.

공주인들은 1910년대 국내에서 조직되는 비밀결사에 참여했다. 공주 지역 청림교도들은 비밀결사를 조직해 자금 모집 활동을 벌였다. 강봉주와 이상래는 독립의군부에 참여했다. 독립의군부는 1912 조직된 대표적인 복벽주의(復辟主義) 계열의 비밀결사였다. 강봉주와 이상래는 독립의군부에 참여한 후 거병 준비와 독립자금을 모집하며 항일투쟁을 벌였다. 이상래는 1915년 조직된 광복회에도 참여했다. 광복회는 의병전쟁과 계몽운동 계열이 연합해 독립전쟁을 실현하기 위해 조직한 비밀결사였다. 이상래는 광복회에 참여한 후 충청도 지역에서 자금 모집 활동을 벌였다.

1

공주인의
자결순국 투쟁

자결순국 투쟁은 자기 자신의 목숨을 스스로 끊어 일제 침략
에 항거하는 독립운동이다. 순국은 가장 소극적인 형태의 항거로 보이지
만 가장 적극적이고 강렬한 항일투쟁이었다. 이러한 순국투쟁은 1905년
을사늑약이 이루어진 후부터 1910년 한일 강제병탄 이후까지 지속적으
로 전개되었다. 1905년 을사늑약이 이루어지자 민영환(閔泳煥)·조병세
(趙秉世)·송병선(宋秉璿) 등이 자결했고, 1910년 한일 강제병탄이 이루
어지면서 황현(黃玹)·홍범식(洪範植)·이만도(李晚燾) 등 순국지사들이
줄을 이었다. 이들은 일제의 식민지배를 인정하지 않고 스스로 죽음으
로 항쟁한 것이다.[1]

오강표(吳剛杓)와 이학순(李學純)은 자결순국 투쟁을 벌인 대
표적인 공주인이다. 오강표는 1843년 12월 사곡면 월가리 출신으로 본
관은 보성(寶城), 호는 무이재(無貳齋)이다.[2] 오강표는 전재(全齋) 임헌
회(任憲晦)의 문하에 들어가 수학했으며, 임헌회의 권유로 간재(艮齋) 전

오강표 순절지(공주향교)

우(田愚) 문하에서 수학했다.

오강표는 1905년 을사늑약이 체결되자 "임금의 신하가 되어 이러한 때에 구태여 목숨을 아끼겠는가"라며 을사오적을 토벌해야 한다는 상소문(請斬調印諸賊疏)을 지었다. 그는 상소문에서 을사늑약의 발단은 1876년 강화도조약에서 비롯되었다고 보았으며 개화는 거부할 수 없는 시대의 흐름으로 인식했다. 다만 개화로 인한 변화에 대해서 국왕과 신하가 하나로 뭉쳐 적극적으로 대응해서 만국공법(萬國公法)에 의거해 평등한 국가관계를 유지해야 한다고 보았다. 그러나 을사오적 등 관료들이 국가에 대한 자신의 임무를 포기하고 개인적인 영달을 위해 국가와 국왕을 기만하고 외세에 굴복했다고 비판했다.

오강표는 상소문을 충청도 관찰사 이도재(李道宰)에게 보내 조정에 전달해줄 것을 부탁했다. 그는 이도재에게 "국가가 위태로운 지경에 이르러 몹시 슬프고 애통함을 이길 수 없어 비록 맨발로라도 올라가 궁궐 앞에 엎드려 상소할 것을 찾아보고자 하였지만 상소가 모두 일본놈들에게 저지되어 전달할 길이 없다니 어찌 분하지 않겠습니까?"라며 상소문 전달을 의뢰했다. 그는 이도재가 상소문을 전달하지 않자 공주향교 명륜당에서 음독 자결을 시도했다. 그러나 향교 직원에게 발견되어 자결에 실패했다. 오강표는 이토 히로부미(伊藤博文)를 성토하는 글을 쓰고자 했으나 주변인들의 만류로 뜻을 이루지 못했으며, 이때부터 실의에 빠져 세상사에 뜻을 두지 않고 항상 독약을 몸에 지니고 다녔다.[3]

오강표는 은거생활을 하던 중 1910년 국권침탈의 소식을 접하고 선친의 묘 앞에서 "이제 나라가 망하고 임금이 없습니다. 우리의 강상이 무너졌습니다. 고금 천하에 어찌 이런 때가 있습니까. 이러한 때를 만나 살고자 하는 낙이 없습니다. 죽을 마음뿐입니다. 장차 향교로 가서 자결을 하고자 합니다"라고 자결의 뜻을 고했다. 그리고 스승인 임헌회의 사당에 들러 "국망을 당했는데도 속수무책입니다. 인(仁)을 이루고 의(義)를 취하라고 공자와 맹자께서 이르셨습니다. 인을 해치는 삶은 진실로 성인들이 경계하는 바이니 의리상 구차하게 살 수 없습니다"라며 자결의 의지를 굳혔다. 오강표는 자결에 앞서 '조선국일민(朝鮮國逸民) 오강표' 이름으로 다음과 같이 '경고동포문(警告同胞文)'이라는 유서를 남겼다.

오호라! 내 금년 나이 칠순에 임박하였는데 나라가 깨지고 임금이 망한 때를 당하였으나 한 계책을 세워 나라와 백성들이 함정에 빠지는 것을 구하지 못했으니 죽는 것만 같지 못하다고 생각한 지 오래되었다. 차라리 선왕의 법복(法服)을 입고 인을 이루고 의를 취하여 고죽자(孤竹子 · 백이숙제 伯夷叔齊) · 문문산(文文山 · 문천상文天詳)과 더불어 구천(九天) 위에서 놀지언정 어찌 원통함을 머금고 울분을 참으며 군부의 원수에게 머리를 굽히겠는가. 원컨대 우리 2000만 동포는 나의 말을 비웃지 말고 척연히 마음을 작정해서 종사(宗社, 종묘와 사직)를 회복하면 천만다행이겠다. 나라가 깨지고 임금이 망하였으니 어찌 차마 홀로 살겠는가. 살아서도 이씨 사람이 될 것이요, 죽어서도 이씨 귀신이 되리라. 공자께서 인을 이루라고 하셨고 맹자께서는 의를 취하라 이르셨으니 흰머리 붉은 충성 오직 죽음이 있을 뿐 두 마음이 없도다.

오강표의 유서에는 일제의 국권 침탈을 막아내지 못했다는 반성과 함께 일제의 노예로 굴복하면서 살기보다는 죽음을 택하겠다는 의지와 우국충정이 담겨 있다. 오강표는 공주향교에 들어가 1910년 10월 16일 강학루에 목을 매 자결 순국했다.[4]

이학순은 1843년 7월 공주 대장리(지금의 계룡면 하대리)에서 태어났으며, 본관은 전주(全州), 호는 회천(晦泉)이다.[5] 이학순은 김장생(金長生)과 송시열(宋時烈)의 학통을 잇는 기호유림이었다. 그는 주자(朱子)를 학문의 기본으로 삼고 『사례(四禮)』를 저술했으며 예학에 관심이 많았다. 이학순은 존화양이론(尊華攘夷論)에 철저했다. 따라서 성리학 이외의 학문이나 사상에 대해서는 배타적이었다. 이러한 점은 동학에 대한 인식에서 드러난다.

찬명학교 설립 반대 광고(『대한매일신보』 1909년 2월 23일)

1894년 동학농민전쟁 당시 동학교도 수백 명이 이학순의 집을 찾아왔다. 명망 있는 지역 유학자의 협조를 얻기 위함이었다. 동학교도들은 자신들에게 협조할 것을 요구했다. 그러나 이학순은 이에 응하지 않고 오히려 동학교도들을 엄중하게 꾸짖었다. 동학교도들은 이학순이 의지를 굽히지 않자 아들인 이내수(李來修)에게 악형을 가했다. 그러나 이학순은 오히려 독약을 먹고 자결을 시도했고, 동학교도들은 돌아갈 수밖에 없었다.

개화사상이나 신학문에 대한 인식도 같았다. 이학순은 충남 연산의 사립 찬명학교(燦明學校) 설립 반대운동을 벌였다. 찬명학교는 연산의 돈암서원에 신학문을 교육하기 위해 설립된 사립학교였다. 이학순은 찬명학교를 세우려는 이들이 '임금을 속이고 나라를 팔아먹으며, 성현을 업신여기는 자들'이라며 학교를 세우려는 이들을 미치광이와 도적으로 비유하고 학교설립 반대운동을 벌였으며, 이를 반대하는 광고를 『대한매일신보』에 게재하기도 했다.[6]

이학순은 1910년 한일 강제병탄이 되자 자결을 생각했다. 하지만 자결보다는 자정(自靖)의 길을 선택했다. 이학순은 일제의 침략이 가속화되자, 사육신이 배향된 충곡서원(忠谷書院, 지금의 논산시 부적면 충곡리)이 있는 곳으로 이사했다. 운둔자정의 길을 걷고자 함이었다. 이는 송병선의 영향으로 보인다. 이학순은 송병선의 문인이었다. 송병선은 세상에 나가 도를 얻지 못할 바에는 물러나서 뜻을 지키는 것도 난세에 유학자의 대처방법이라 여겼다. 송병선의 문인들이 은둔과 후학양성 등을 통해 일제에 항거했던 것도 이러한 영향 때문이었다. 그러나 이학순에게 은사금이 내려졌다. 은사금은 일제가 한일 강제병탄 후 조선인들을 회유하기 위해 주었던 돈이다. 연산의 헌병대장은 은사금을 전달하기 위해 몇 차례 이학순을 초빙했다. 그러나 이학순은 응하지 않았다. 그러자 헌병대장이 직접 이학순을 찾아왔다. 이학순은 일어나지도 않은 채 누워서 다음과 같은 글을 헌병대장에게 전했다.

이학순은 조선국의 일민(逸民)이다. 불행하게도 늙은 나이에 나라가 망하고 군주가 욕을 당하였다. 한번 싸워 볼 계책도 세우지 못하였고 자결해 절개를 세우지도 못했으니 내 죄는 만 번 죽어도 마땅하다. 원수의 나라에서 불의의 돈을 주지만 의로써 그것을 받지 않을 것이다. 만약 다시 가지고 온다면 서산(西山)에 들어가거나 동해(東海)에 빠져 죽을 것이다.

일제는 이학순을 투옥시키고 죽이겠다고 협박했다. 그러나 이학순의 의지는 더욱 강고해졌다. 이학순은 여러 달 동안 병을 앓고 있었다. 그럼에도 옥중에서 단식을 하며 일제를 꾸짖기까지 했다. 이학순이 의지를 꺾지 않자 일제는 아들인 이내수와 이내준(李來俊)에게 부친의 설득과 은사금 수령을 강요했다. 그러나 두 아들도 이를 거부했다. 특히 이내준은 "나의 머리와 너의 임금의 머리를 바꾼다면 가능한 일이나 그렇지 않으면 돈을 받지 않을 것이다"며 거절했다. 손자인 이욱(李旭)도 "조부께서 돌아가신다면 의로운 일이다. 내가 어찌 너희들이 주는 돈을 받아 조부께 누를 끼치겠는가"라며 뜻을 같이했다. 일제는 이내준에게 형벌을 가하며 이학순을 협박했다. 그러나 이학순은 "부자가 절의를 지켜 죽는다면 무슨 한이 있겠느냐"며 절의를 지켜 죽겠다는 뜻을 보였다. 그러자 일제는 이학순이 나이가 많고 병이 심한 것을 보고 몸을 돌보라며 잠시 풀어주었다. 이학순은 잠시 풀려난 틈을 이용해 다음과 같이 절명시 2수를 남기고 1910년 12월 7일 음독 자결했다.[7]

今焉已矣我平生	내 생애, 이제는 모두 끝나버렸도다
君辱臣生豈曰生	임금이 욕을 당했는데 신하가 산다면 어찌 생을 말하리오
當與國家同休戚	마땅히 국가와 기쁨과 슬픔을 함께해야 하니
不爲夷狄苟求生	오랑캐에게 구차하게 삶을 구하지 않으리라
西山灌灌薇何在	벌거벗은 서산에 고사리가 어디 있겠는가
東海滔滔月欲生	넘실대는 동해에 달 떠오르려 하네
將死學純長一嘆	장차 죽게 될 학순이 길게 한 번 탄식하노니
可憐六十八年生	68년의 인생이 가련하도다

又詩	
老入狴犴不死何	늙어 감옥에 들어와 죽지 않으면 뭐하겠는가
强爲俘虜苟生何	억지로 포로가 되어 구차하게 살면 무엇하리
一生一死非難事	한 번 태어나고 한 번 죽는 것 어렵지 않으나
北望吾君可奈何	북쪽 바라보니 우리 임금을 어찌 할까

　　　그의 절명시에는 국가와 운명을 같이하겠다는 의지와 임금에 대한 충정의 뜻이 그대로 드러나 있다. 일제에게 나라를 빼앗긴 현실에서 자결을 통해 의리와 지조를 지키려는 유학자의 모습을 보인 것이다.

이학순의 순국은 장남인 이내수에게 크게 영향을 미쳤다. 이내수는 이학순의 사상과 항일의식을 계승해 독립운동을 시작했다. 이내수는 1913년 7월 마을의 민적을 불태운 사건으로 투옥되었다. 그는 투옥 중 단식투쟁을 벌였으나 곽한일(郭漢一)의 만류로 단식을 중단했다. 곽한일과의 만남은 이내수의 대한독립운동에서 큰 의미를 갖는다. 이내수는 1912년 9월 조직되는 독립의군부에서 활동했던 이들과 독립운동을 벌였는데, 그 인연이 바로 곽한일로부터 시작되었기 때문이다. 곽한일은 독립의군부의 핵심적인 인물이었고, 이내수를 독립의군부에 참여시켰다.[8]

이내수는 3·1운동 후 순종복위소(純宗復位疏)를 올렸으며, 한성임시정부 수립을 위한 국민대표회의에서 13도 대표로 추대되었다. 13도 대표 추대는 독립의군부 활동의 결과였다. 당시 이내수는 유림을 대표할 학문적 업적이나 영향력을 갖고 있지 않았다. 하지만 부친의 순국, 민적거부 투옥, 독립의군부 활동의 경력을 갖고 있었고, 독립의군부에서 활동했던 이들이 그에게 대표성을 부여했던 것이다. 1919년 조직된 조선민족대동단의 민족대표 33인에 선정된 것도 이런 이유였다. 당시 이내수는 김복한이 주도한 파리장서에도 서명했다. 이내수는 이학순의 순국 후 김복한·임한주·유호근(柳浩根) 등 홍주의병에 참여했던 의병장들과 두터운 친분을 유지하고 있었기 때문이다. 이내수는 1921년 5월경 조선독립단의 책임을 맡아 전라도·경상도·충청도 일대에서 자금을 모집해 대한민국 임시정부를 지원하기도 했다.[9]

오강표와 이학순의 사상은 조선후기 유생들의 중심 논리였던 위정척사론(衛正斥邪論)이다. 조선후기 위정척사론은 사학(邪學)을 배척하고 정학(正學)인 주자학을 지키고자 했던 이론이며 논리체계였다. 위정척사론은 19세기 후반 형성되었으며 제국주의 침략에 대항해 위정척사운동으로 전개되었다. 따라서 한말 유림들은 일제 침략에 세가지 방법으로 저항했다. 첫째는 일제의 침략에 맞서 의병을 일으키는 것이었으며(擧義掃淸), 둘째는 유교의 도통(道統)을 지키고 보존하는 것이었으며(去之守舊), 셋째는 일제의 침략을 거부하고 스스로 목숨을 끊어 항쟁하는 것이었다(致命自靖). 오강표와 이학순은 자결을 통해 항일의지를 보여준 공주인이었다.

공주 출신 이철영(李喆榮)은 유교의 도통을 지키려 했던 유학자였다. 이철영은 1867년 공주 상왕동에서 태어났으며, 본관은 경주(慶州), 호는 성암(醒菴)이다. 그는 이유태(李惟泰)의 9대손으로 기호학맥을 전수받았으며, 임헌회의 문인인 유대원(柳大源)의 문하에서 수학했다.[10] 이철영은 26세 되던 해부터 처가가 있는 부여에서 생활했다. 그는 1904년 일제가 철도를 부설한다는 명목으로 선영(先塋)을 침범하려 하자 "철도를 부설하는 것은 왜국이 우리나라를 빼앗으려는 흉모"라고 여기고 유림들과 함께 반대투쟁을 벌였다. 또한 1905년 을사늑약이 이루어지자 임진왜란 당시보다 더 위급한 상황이라 여기고 『기의려문(起義旅文)』을 짓고 의병을 모집하려 했으나 뜻을 이루지 못했다.[11] 그는 1909년 일제가 호적에 입적하기를 강요하자 다음과 같이 「치일본정부서」를 작성했다.[12]

하늘에 하나의 해가 있고 백성에게는 한 명의 임금이 있다. 만약 하늘에 두 해가 솟고 백성이 두 임금을 섬긴다면 이것이 어찌 하늘의 이치이겠으며, 이것이 어찌 사람의 도리이겠는가. 지금 일본이 교린(交隣)의 의리를 생각하지 않고 오로지 속 임수와 위협으로 조약을 여러 번 바꾸더니 마침내 정부를 빼앗아 우리 5백 년 종 사를 전복시키고 우리 삼천리 강토를 빼앗고 우리 수많은 백성을 도탄에 빠뜨리고 있다. 무릇 우리 군신과 백성이 불공대천(不共戴天)의 원수로 삼아야 할 것이 어찌 오로지 일본에 있지 않겠는가. 이것이 우리 충신과 열사가 피를 뿜으며 서로 의병을 일으켜 죽음을 고향집에 돌아가듯 태연하게 여기는 까닭이다. (중략) 지금 우리나라 종묘사직이 망하게 된 때를 만나 의병을 일으켜 복수하지도 못하고 도리어 형벌이 무서워 호적에 편입하여 적국에 가담하게 된다면 이는 곧 임금을 잊고 원수를 섬기는 것이며 중화를 바꾸어 오랑캐가 되는 것이며, 사람으로서 금수가 되는 것이다. (하략)

이철영은 「치일본정부서」를 통해 일제가 자행한 을미사변과 통감정치 등을 비판했다. 아울러 일제가 시행하는 민적에 편입되는 것은 나라의 은혜를 잊는 것이며 야만족이 되는 것이므로 차라리 죽음을 택하겠다고 하였다.[13] 그는 「치일본정부서」를 일본 정부에 보내려 했으나 실패했다. 그는 이 일로 부여주재소에 구금되었고 일제는 갖은 협박과 회유로 민적에 이름을 올릴 것을 강요했으나 완강히 거부했다. 이철영은 1910년 한일 강제병탄이 이루어지자 강학과 저술 활동에 전념하며 자정의 길을 걸었다. 그러나 일제는 1914년과 1919년 부여헌병대로 연행해 강금했다. 민적 입적을 강요하기 위해서였다. 이철영은 70여 일간 투옥되어 있으면서도 끝까지 민적 입적을 거부하며 항일의 뜻을 굽히지 않았고 다음 해 12월 순국했다.[14]

2

1910년대
비밀결사와 공주인

일제는 1910년 한국을 강제로 점령하고 경제적 수탈과 민족
말살정책을 추진하기 시작했다. 토지조사사업을 실시해 경제적 수탈
을 시작했으며, 각종 법령을 제정해 우리 민족의 기본권을 박탈하는
무단통치를 실시했다. 1910년대 민족운동 세력들은 식민통치라는 현
실에 직면하면서 지금까지 전개되었던 국권회복운동의 한계를 극복
하고자 했다. 한말 국권회복운동은 국권회복이라는 목적은 같았으나
의병전쟁과 계몽운동으로 방법과 이념상의 차이를 보였다. 그러나 국
망에 직면하면서 계몽운동 계열의 실력양성론이나 의병전쟁 계열의
무장투쟁적인 방법만으로는 식민지 체제를 극복할 수 없다는 것을
인식하고 독립전쟁론을 바탕으로 항일투쟁을 전개했다.

1910년대 독립운동은 독립전쟁론을 실현하는 것이었다. 독
립전쟁론은 국외에 독립운동기지를 건설하고 독립군을 양성한 후 적
당한 시기에 일제와의 전쟁을 벌여 빼앗긴 국권을 되찾는다는 독립

운동의 방략이었다. 1910년대 국내 독립운동 세력은 한말 국권회복 운동이 성과를 이루지 못하면서 민족적 역량이 많이 소진된 상태였으며, 항일운동을 전개했던 많은 인사가 독립전쟁을 실현하기 위해 국외로 망명하면서 침체된 상황이었다. 또한 국내에서는 일제의 폭압적인 무단통치로 인해 독립운동이 많은 어려움에 처하게 되었다. 헌병 경찰을 동원한 폭압적인 감시체제로 인해 독립운동 세력들의 활동의 폭이 극히 제한되었기 때문이다. 따라서 1910년대 국내독립운동은 비밀결사의 형태로 전개되었으며, 공주인들은 청림교의 비밀결사와 독립의군부, 광복회에 참여했다.

청림교(靑林敎)는 동학 계열의 종교이다. 동학은 최제우에 의해 창립되었으며 민중에게 미래의 희망을 가지게 한 혁명적인 사상이었다. 동학을 계승한 종교는 천도교가 대표적이다. 그러나 한말 일제강점기 천도교 외에도 상제교·백백교·수운교 등 여러 종파가 있었다.15) 청림교는 창립된 시기와 주체가 명확하지 않다. 다만 1894년 농민전쟁 이후 남접 계통에서 창립한 것으로 알려져 있다.16) 청림교는 1910년대 충청도를 중심으로 한 중부 지역과 함경도를 중심으로 한 북부 지역에서 교인들을 모집해 교세를 확대했다. 청림교는 1910년대 항일적 성격이 강했으며, 일제강점기 현실 부정사상을 가지고 교세 확장에 많은 노력을 기울였다.17) 청림교는 교주(敎主)·도교총시(道敎總視)·도교장(道敎長)·도헌장(道憲長)·포덕사(布德師)·감예사(監禮師) 등을 두는 체제였다.18)

청림교 비밀결사 관련 기사(『매일신보』 1917년 2월 27일)

공주는 청림교의 비밀결사가 조직되었던 지역이다. 공주가 청림교도들의 피난처로 지정되었기 때문이다. 청림교는 세계대전의 여파가 조선에도 미칠 것이며 그때 대홍수 및 질병이 유행할 것으로 보았다. 따라서 청림교는 북간도 천보산, 함남 영변군 봉황대, 경북 풍기, 충남 공주 등을 청림교도들의 피난처로 정했다.

청림교가 공주를 피난처로 정한 이유는 알 수 없으나 피난처로 지정된 곳은 공주 신상면 유구와 사곡면 마곡사 사이였다. 따라서 이곳을 중심으로 집중적으로 포교 활동이 이루어졌고 1916년 청림교의 비밀결사가 조직되었다. 공주 지역 청림교의 비밀결사에 참여한 이들은 강학인(姜學仁)·고영국(高泳國)·김구(金龜)·김병훈(金秉勳)·김제(金濟)·이동성(李東成)·이문협(李文協)·이영의(李英儀)·이원식(李元植)·이조승(李潮承)·이주성(李周性)·박덕삼(朴德三)·박의범(朴宜範)·안경화(安敬和)·장봉원(張鳳源)·장춘섭(張春爕)·조석홍(曺錫洪) 등이다. 이원식은 함경도 도교시장, 김제는 경기도 도교시장, 이문협은 관동총부장, 김병훈은 감예사, 이영의는 포덕사를 맡았으며, 1916년 2월부터 활동을 시작했다. 이들은 "지금 1차 세계대전의 여파가 조선에도 파급될 것이다. 조선은 이 기회를 이용해 국권을 회복하고 독립을 달성해야 한다. 청림교에 가입하면 재난을 피할 수 있으며 자금을 모집해 독립을 준비해야 한다"며 청림교 가입을 권유하고 자금을 모집했다.[19]

　　공주인들은 1910년대 독립의군부에도 참여했다. 독립의군부는 1910년대 대표적인 복벽주의 계열의 독립운동단체이다. 독립의군부는 1912년 9월 서울에서 고종의 밀명을 받은 곽한일(郭漢一)·이식(李侙)과 같은 재야유생과 이명상(李明翔)·전용규(田鎔圭) 등 전직 관료들이 중심이 되어 조직되었다. 독립의군부는 (인재를 모아) 단체 조직→(일본정부에) 서면상신·조선인에게 연설 등으로) 독립사상 고취→(시기를 보아) 독립선언→(열국과 협조해) 독립달성'한다는 방략을 갖고 있었다. 독립의군부는 조직된 후 경기·충청·전라 지역으로 조직을 확대해 다수의 부원들을 확보했다. 독립의군부의 최종 목적은 복국(復國)이었고, 황제를 다시 추대하는 것이었다. 이를 위해 독립의군부는 의병봉기를 추진했다.[20]

독립의군부에는 강봉주(姜奉周)와 이상래(李祥來)가 참여했다. 강봉주는 충북 청주 출신이나 독립의군부 활동 당시 공주 의당에서 거주했다. 그는 1912년 10월 이동하(李東下)·구동식(具東植)·손일현(孫日鉉)·김정오(金正伍) 등과 경북 선산에서 자금모집을 벌였으며 11월에는 노병대(盧炳大)·손요득(孫了得)·이동하 등과 함께 경북 안동에서 자금 모집 활동을 벌인 후 독립의군부에 참여했다.[21] 강봉주는 독립의군부에 참여한 후 1914년 3월 서울에서 독립의군부 총대표 및 각군대표 선정에 참여하기도 했다. 당시 모임은 곽한일·임병찬 등 독립의군부를 대표하는 이들이 참여한 대표자회의 성격을 갖고 있었다. 강봉주는 김창식(金昌植)·이기영(李起永)·정철화(鄭哲和) 등 독립의군부원들과 함께 자금 모집을 벌이던 중 1914년 5월 일제에 체포되었다.[22]

이상래는 공주 탄천 출신으로 독립의군부에 참여했다. 이상래는 1916년 9월 논산군 부적면 충곡리 이내수의 집에서 조선독립에 대한 협의를 하고 활동 벌이던 중 체포되었다.[23] 당시 이상래의 활동은 독립의군부 활동으로 보인다. 이내수는 1916년 7월 이용규(李容珪)·이만직(李晩稙)·윤병일(尹炳日)·조종국(趙鍾國) 등과 연산에서 거의를 준비했다. 이들은 거병할 것을 결의하고, 자금 모집을 시작했다. 이들은 박동신(朴東臣)이 자금을 제공하겠다고 하자, 마패와 어보를 제공하기도 했다. 그러나 이내수는 자금을 마련하던 중 1917년 4월 박동신의 배신으로 이용규·윤병일·이만직·조종국 등과 논산에서 체포되었다. 이후 곽한일·전용규·손진형(孫晉衡) 등도 체포

이상래 판결문(공주지방법원, 1918년 7월 29일)

되었다. 이내수는 신문과정에서 의병봉기를 추진한 이유에 대해 '나라의 원수를 갚기 위함이고, 온 나라의 백성이 모두 의병이다'라고 밝혔다. 이용규도 거의해서 왜적을 섬멸하고 국권을 회복하여 황상과 국모의 원수를 갚고 사직을 보존하기 위해 거병을 추진했다고 하였다.[24] 이내수와 함께 의병봉기를 추진했던 곽한일·전용규는 독립의군부의 핵심적인 인물이었고, 이내수는 고종으로부터 계인(契印)과 마패를 받았다. 또한 마패를 전달한 전용규도 독립의군부를 조직한 이였다. 이를 통해 보면 당시 이내수의 의병봉기는 독립의군부 활동이었다고 할 수 있다.[25] 따라서 이상래는 이들과 함께 거병을 추진했다고 볼 수 있다.[26]

이상래는 1915년 조직된 광복회에도 참여했다. 광복회는 1915년 7월 대구에서 한말 의병전쟁 계열과 계몽운동 계열이 연합해 조직한 비밀결사였다. 광복회는 만주에서 독립군을 양성해 일제와 전쟁을 벌여 독립을 달성한다는 목적으로 조직되었으며 '비밀·폭동·암살·명령'의 투쟁강령을 수립하고 전국에 지부를 설치했다. 광복회의 대표적인 활동은 자금 모집이었다. 광복회의 목적을 달성하기 위해서는 막대한 자금이 필요했기 때문이다. 따라서 광복회는 체계적으로 자금을 모집하기 위해 전국적으로 의연금 모집 활동을 벌였다. 광복회의 자금 모집은 부호들에게 의연금 모집 통고문을 보내고 광복회원들이 찾아가 의연금을 수령하는 형식으로 전개되었다.[27] 이상래는 1918년 6월 광복회 명의의 경고문을 만들어 국권회복에 필요한 자금을 모집했다.[28] 이를 통해 보면 이상래는 광복회 충청도 지부에서 활동한 것으로 보인다. 충청도 지부는 예산 출신 김한종(金漢鍾)이 중심이 되어 조직되었다. 그러나 충청도 지부원들은 1918년 1월 지부장 김한종을 비롯해 대부분의 지부원들이 일제에 체포되었다. 또한 6월에는 황해도·평안도 지부, 8월에는 전라도 지부원들이 체포되면서 와해되었다.[29] 따라서 이상래는 충청도 지부원들이 체포되던 시점에 체포를 면했고, 계속해서 자금 모집 활동을 벌이던 중 체포된 것으로 보인다.

1910년대
공주인의 독립운동과 자결순국 투쟁_주

1) 김상기, 「1910년대 지방유생의 항일투쟁」, 『대한민국 임시정부 수립 80주년 기념 논문집』, 상, 1999, 62~71쪽.

2) 한철호, 「무이재 오강표(1843~1910)의 생애와 항일순국」, 『사학연구』 75, 한국사학회, 2004, 208쪽.

3) 한철호, 「무이재 오강표(1843~1910)의 생애와 항일순국」, 217~219쪽.

4) 한철호, 「무이재 오강표(1843~1910)의 생애와 항일순국」, 220~224쪽.

5) 이성우, 「이학순·이래수 부자의 민족운동」, 『한국사연구』 166, 한국사연구회, 2014, 302쪽.

6) 이성우, 「이학순·이래수 부자의 민족운동」, 307~311쪽 ; 『대한매일신보』 1909년 2월 23일 자, 「상태학급각도각읍향교서원서」

7) 이성우, 「이학순·이내수 부자의 민족운동」, 312~315쪽.

8) 이성우, 「이학순·이내수 부자의 민족운동」, 317쪽.

9) 이성우, 「이학순·이내수 부자의 민족운동」, 321~326쪽.

10) 백원철, 「한말·일제초기 지방유생의 배일의식과 저항행동의 양상~성암 이철영을 중심으로」, 『한문학보』 21, 우리한문학회, 2009, 502·505쪽.

11) 백원철, 「한말·일제초기 지방유생의 배일의식과 저항행동의 양상~성암 이철영을 중심으로」, 505쪽 ; 이상익, 「성암선생의 역사적 평가와 재조명」, 『성암선생의 역사적 평가와 재조명 학술대회 발표문』, 2017, 139~142쪽.

12) 이상익, 「성암선생의 역사적 평가와 재조명」, 167쪽.

13) 백원철, 「한말·일제초기 지방유생의 배일의식과 저항행동의 양상 – 성암 이철영을 중심으로」, 506~507쪽.

14) 백원철, 「한말·일제초기 지방유생의 배일의식과 저항행동의 양상 – 성암 이철영을 중심으로」, 509~510쪽.

15) 무라야마지준(村山智順), 『조선의 유사종교』, 1935(계명대출판부, 1990), 383~384쪽.

16) 윤정란, 「일제시대 청림교의 활동과 성격」, 『한국민족운동사연구』 29, 한국민족운동사학회, 2001, 220쪽.

17) 윤정란, 「일제시대 청림교의 활동과 성격」, 227쪽.

18) 윤정란, 「일제시대 청림교의 활동과 성격」, 225쪽.

19) 「이원식·김제·이문협·이주성 등 판결문」(공주지방법원, 1917년 11월 5일) ; 「고제 14338호 청림교도발견처분건」(『불령단관계잡건 조선인부재내지2(1918년 6월 3일)』) ; 『매일신보』 1917년 2월 27일자, 「청림교 주모자 17명 취박」.

20) 이성우, 「1910년대 독립의군부의 조직과 활동」, 『역사학보』 224, 역사학회, 2014, 171·181~185쪽.

21) 권대웅, 『1910년대 국내독립운동』, 독립기념관 한국독립운동사연구소, 2008, 99쪽.

22) 이성우, 「1910년대 독립의군부의 조직과 활동」, 188쪽.

23) 「이상래 판결문」(공주지방법원, 1918년 7월 29일).

24) 이성우, 「이학순·이내수 부자의 민족운동」, 319쪽.

25) 이성우, 「이학순·이내수 부자의 민족운동」, 320쪽.

26) 이성우, 「이학순·이래수 부자의 민족운동」, 319쪽. 이 밖에도 공주 출신 김명구·신영만도 독립의군부에 참여했다는 기록이 있다(임병찬, 「거의일기」, 『돈헌유고』, 1957). 그러나 이들의 상세한 활동에 대해서는 전해지지 않는다.

27) 이성우, 「광복회 연구」, 충남대학교 박사학위 논문, 2007, 109~114쪽.

28) 「이상래 판결문」(공주지방법원, 1918년 7월 29일).

29) 이성우, 「광복회 연구」, 123쪽.

김 진 호

충남대학교 충청문화연구소 연구원

———————

충남대학교 사학과, 동 대학원 졸업(문학박사)

『한국독립운동의 역사』(20권, 2009, 공저)
『3·1운동의 역사적 의의와 지역적 전개』(2019, 공저)
『성주 3·1운동과 파리장서』(2019, 공저)
『영덕의 독립운동사』(2019, 공저)
『홍성의 독립운동사』(2019, 공저) 외 논저 다수.

공주의
3·1독립운동

목차

일제강점기 경찰관교습소(헌병수비대)

지금의 경찰관교습소(헌병수비대) 터

앵산공원과 중동성당

유관순열사상

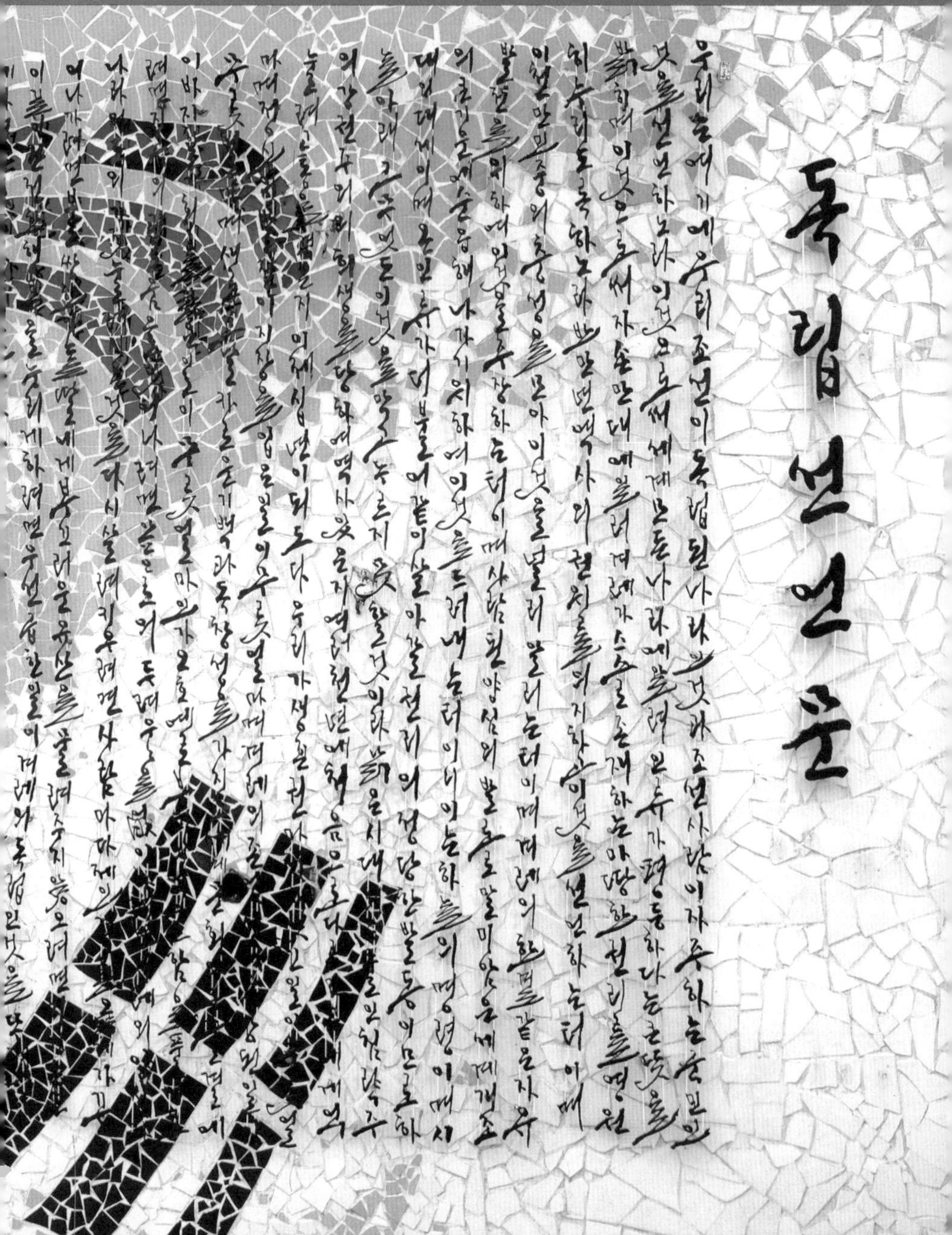
독립선언문

3·1독립운동은 일본제국주의자들의 식민지 직접지배로 헌병무단통치하에서 국권을 강탈당한 지 8년 6개월 만에 독립을 선언하고 대한독립만세를 외친 운동이다. 3월 2일에 강경, 논산, 부여에 선언서가 배포되었다. 3월 3일 예산에서 윤칠영이 대한독립만세를 외치고, 국장 참례 인사들이 귀향하여 경성의 독립운동을 전했으며 3월 7일 언론 통제의 해제로 독립운동 소식을 알렸다.

　　공주에서는 3월 7일 독립만세를 외치려는 첫 움직임이 있었고, 3월 10일 아산의 박장래가 영명학교 학생과 졸업생에게 경성의 독립운동 상황과 '독립가'를 전했다. 3월 12일에는 독립만세 계획이 사전에 탐지를 당하기도 했다. 3월 14일 유구에서 천도교도 황병주가 독립만세를 외치며 본격적인 3·1독립운동이 시작됐다. 이어 3월 17일 김희봉이 공주 시장에서 황병주의 뜻을 계승해 조선독립만세를 외쳤다. 그리고 4월 1일 영명학교 교사와 학생들이 주도해 공주 시장에서 독립선언서를 배포하고 태극기를 흔들며 독립만세를 외쳤다. 또한 정안에서는 이기한과 이병억의 주도로 광정리에서 독립만세를 외치고 출동한 군경들과 석송리에서 격투를 전개하고 밤에 재차 주재소와 일본인 집을 공격 파괴했다. 4월 2일에도 정안 광정리, 의당 태산리에서, 4월 3일에는 정안 면내에서 독립만세를 이어갔다. 4월 3일에는 우성면 동대리, 계룡면 경천리, 장기면 대교리에서, 4월 4일에는 목동면 이인리, 주외면 용당리에서, 4월 5일에는 반포면 상신리에서 주민들이 집합해 독립만세를 외쳤다. 또한 4월 1일 장기면 도계리에서 첫 횃불독립만세운동이 전개되면서 4월 2

일부터 7일까지 장기, 의당, 우성, 사곡, 계룡, 주외, 목동, 탄천 등 8개 면에서 밤마다 마을 주민들이 산 위에 올라가 횃불을 들고 독립만세를 외쳤다.

공주에는 충청남도경찰부, 공주헌병주재소, 공주경찰서 및 8개 경찰관 주재소가 치안을 담당했다. 일제는 주둔 군경과 증파된 보병과 헌병들로 독립운동을 진압했다. 일제의 무력 진압으로 1명 사망, 15~6명이 부상을 당했으며 최소 120여 명, 최대 140여 명이 체포를 당했다. 76명이 사법적 탄압을 받아 최고 징역 3년에서 태형 90에 이르기까지 63명이 실형과 집행유예, 구류를 겪었다. 대전지방법원검사국 공주지청에서 4명이 면소 방면되고 21명이 불기소 처분을 받았다. 그리고 공주경찰서장의 즉결처분으로 16명이 태형을 당했다. 이외 행정적 탄압으로 도장관의 '경고', 8개 면의 시장 폐쇄 등을 자행하고 회유책을 강구하며 친일 세력들을 동원했다.

공주 3·1독립운동은 3월 14일에서 4월 7일까지 12개 면에서 1만명 이상이 참여한 독립운동이었다. 또한 종교인, 유학자, 학생 등 다양한 세력이 주도하고 20대를 중심으로 30대가 활발히 참가하여 평화적인 독립만세운동과 횃불독립만세운동을 전개하고 식민지 탄압의 상징인 주재소를 공격 파괴하는 공격적 독립만세운동도 전개했다.

1

독립선언,
대한독립만세를 외치다

1919년 3월 1일 한국인들은 일본 제국주의자들의 식민지 직접 지배체제인 헌병무단통치 하에서 민족과 국가의 자주 독립을 선언하고 독립만세를 외치는 독립운동을 시작했다. 일제에게 국권을 강탈당한 지 8년 6개월, 즉 3,107일 만에 '선언서'를 발표했다.

19세기 후반 서구 열강이 약소국을 군사적 무력으로 침략하고 독점자본주의에 기반해 경제적으로 약탈하며 정치적 식민 지배를 통해 자국의 이익을 최우선시하는 제국주의가 팽배했다. 세계사적 흐름 속에 아시아에서는 일본이 서구 제국주의국가 대열에 마지막으로 합류했다. 그들은 국내 발전보다는 해외 침략을 통한 국가 발전 정책을 강행했다. 일제의 해외 침략 첫 시도의 대상은 다름 아닌 자신들의 국가 발전에 도움을 받았던 이웃인 조선이었다. 1876년 강화도조약은 일제에게는 축배의 첫 잔을 높이 들 일이었으나 우리 한국인들에게는 제국주의자들에게 당한 크나큰 첫 시련이었다. 이후 일제의 침략이 점차 노골화됨에 따라 우리는 국권을 지키며 근대 국가로의 발전을 모색해야 하는 역사적 과제를 해결해야만 했다. 하지만 일제의 경제적 침략, 군사적 무력 개입 및 정치적 압박에, 친일파의 농간이 난무했고 더욱이 서구 제국주의 국가들도 일제의 침략을 묵인하며 비호하기까지 했다. 그리하여 대한제국은 국력이 완전히 무장해제된 상태에서 1910년 8월 29일 국권을 강탈했다. 일제가 국제 도적 국가로서 주권을 강탈하고 군대로 영토를 장악하며 헌병 무단통치로 한국인을 물리적으로 지배했지만 한국인의 정신만은 지배하지 못했다. 이에 일제강점기 전 기간 동안에 걸쳐 한민족은 항일독립운동을 전개하고 또한 항일독립전쟁을 준비했다. 한국민 모두가 민족적으로 처음 독립운동을 펼쳐 독립을 선언하고 독립만세를 외친 것은 바로 3·1독립운동이다.

공주의 3·1독립운동은 『공주군지』, 『공주의 맥』, 『웅진문화』 등에서 3·1운동 재판 기록을 중심으로 서술했고, 『독립운동사』(제3권), 『한국독립운동의 역사』(제20권), 『충청남도지』 등에서 개관했다.[1] 또한 『영명100년사』에서는 「II. 영명의 독립운동」을 통해 3·1독립운동의 전개, 김관회 등 인물과 판결문을 상세히 기술했다.[2] 논문 「공주지역의 3·1운동」은 사회·경제적 배경과 항일 민족의식의 발흥을 언급하고 각 면의 3·1운동 전개와 일제의 탄압상을 통해 공주 3·1독립운동의 성격을 규명했다.[3] 그간의 연구와 자료 발굴을 바탕으로 공주 3·1독립운동사를 재조명하고자 한다.

2

공주에서도
독립만세를 준비하다

공주에서는 충청남도와 같이 3·1민족대표나 독립선언 추진 세력과 연계되지 않았다. 그래서 독립선언과 독립만세를 외칠 준비는 전혀 이루어지지 않았다.

야소교(기독교) 계통에서는 독립청원서에 서명할 동지들을 규합하려는 시도가 있었다. 즉 2월 21일 독립선언 추진 세력으로 민족대표로 서명한 이갑성은 세브란스병원 내 자신의 집에서 야소교 세력들과 회합을 갖고 동지들을 확보하기 위해 지방에 인사를 파견하기로 결정했다. 이에 박희도의 부탁으로 김세환이 충남 서산으로 내려왔다.[4] 김세환이 2차에 걸쳐 김병제를 만나 독립운동에 대한 논의를 했을 것으로 추론되나 확인되지 않고, 실제로 독립청원의 지지 세력을 확보하지 못한 채 2월 24일 밤에 상경했다.[5] 함경도, 경상도에서도 추진되었으나 성과를 거두지 못해 지방 세력들은 독립운동 추진 세력으로 활동하지 못했고 민족대표로도 선정되지 못했다. 하지만 독립을 선언하고 독립만세를 외치는 독립운동을 확산하기 위한 노력에는 지방 세력들이 활발히 참여했다. 우선 독립선언서가 각 지방에 전달, 배포되었다. 인종익과 김병수가 각각 전주와 청주, 군산에 독립선언서를 교부하기 위해 대전을 경유했으나 대전에 배부되지는 않았다.[6] 그러나 전주에 배부된 독립선언서가 전북 일대로 교부되면서 충남 지방에도 전달됐다.

인종익이 전주 천도교구 김진옥에게 교부한 독립선언서는 교구장 한영태에 의해 각지로 배포됐다. 3월 2일 이광규가 전주에서 독립선언서 다섯 다발을 이리 교구장 이중렬에게 전달하고 이중렬은 송일성을 통해 두 다발(100매)을 익산 함열 와리의 교구장 최재붕에게 교부했다. 최재붕은 33매를 자신이 갖고 송일성에게 31매를 교부해 강경에 가서 배포하게 했고 민영순에게 두 묶음을 교부하면서 논산 교구장에게 전달하게 했다.[7] 민영순은 오후 6시경 약 40매를 논산 욱정의 천도교구실에서 김태호와 이백순에게 교부했다.

이어 김태호는 한 묶음을 가지고 부여로 가서 오후 9시경에 부여 천도교구실에서 황우열, 박성요, 이범인 등 6명에게 교부했다. 이들은 3월 3일 새벽에 부여 읍내와 군내 각 면의 천도교도나 거리에 배포했다. 이백순도 3월 3일 오전 2시 교구실에서 독립선언서 한 묶음을 가져 나와 논산 읍내와 여러 곳에 배포했다.[8] 즉 충남 지방에 3월 2일 독립선언서가 전달되고 3월 2일 강경, 3월 3일 논산과 부여 각지에 독립선언서가 배부되고 배포되었지만 독립만세를 외치는 독립운동으로 곧바로 이어지지는 않았다.

그러나 3월 초순에 도내 각처에서 독립선언을 하고 독립만세를 외치고 있는 사실은 전파되었다. 3월 3일 예산에서 충남 지방 최초로 독립만세를 외쳤다. 윤칠영은 오후 5시경 친구 4인과 음주하면서 일본과 경성에서 유학생 및 학생 등이 단결해 한국독립운동을 하고 있다는 내용으로 대화를 나누었다. 이어 오후 11시 30분경 예산 동쪽 산 위에 올라가 대한독립만세를 외쳤다.[9] 이발업을 하던 28세 청년 윤칠영이 친구들과 독립만세운동에 대한 이야기를 했다는 것은 적어도 3월 3일에는 경성의 독립만세운동이 예산까지 전해졌다는 것을 반증한다. 따라서 공주에도 경성의 독립선언과 독립만세 소식이 전해졌을 것으로 충분히 추론된다. 또한 고종의 국장 장례에 참여한 인사들이 경성의 독립만세운동을 목격하고 귀향해 지방에 소식을 전했던 만큼 충남도 내에서도 국장에 참례한 인사들이 독립운동 관련 소식을 전했을 것이다. 그리고 언론통제로 실시된 보도 금지 조치가 해제되면서 독립선언과 독립만세 소식이 3월 7일자 『매일신보』를 통해 보도됨으로써 지방에서도 독립만세운동을 인지하게 되었다.

고종 국장 참례로 2월 28일 상경해 3월 8일까지 경성에서 머물렀던 박장래는 3월 10일 영명학교 교사인 김수철의 공주 대화정 집을 방문했다. 그는 상경해 독립만세운동을 목격하고 이를 각 지방에 전파하고자 아산 송악의 거산리 본가로 귀가하지 않고 공주로 왔다. 그는 김수철의 집에서 영명학교 학생 안기상, 졸업생 신의득에게 "경성, 기타 각 지방에서는 학생들이 주가 되어 조선독립운동을 하고 있다. 공주에서는 농업학교, 보통학교 등이 있음에도 불구하고 어찌해 독립운동을

유관순의 길(중학동)

하고 있지 않는가? 경성에서는 여학생까지도 운동에 종사하고 있다. 공
주의 남자들은 기개가 없다"고 말하며 독립운동을 하도록 격려하고 권
유했다. 이어 조선의 독립을 찬양하고 칭송하는 '독립가'를 알려주었다.
그는 버선 속에서 독립가의 가사를 적은 종이를 꺼내서 안기상이 가지
고 있던 그림엽서에 옮겨 적어주었다. 신의득은 자신이 가지고 있던 시계
수선보관증에 이를 보고 직접 기록했다.[10] 그러나 이후의 활동에 대해
서는 알려지지 않고 있다.

　　공주에 독립선언서가 전달된 것은 3월 24일 이전으로 보인다.
3월 24일 영명학교에서 회합을 할 때 독립선언서를 인쇄, 배포하기로 결
정했다. 이보다 앞서 영명학교 조수 김수철이 학생 유우석(천안, 유관순
의 오빠), 노명우(부여), 강윤(연산), 윤봉균(연기) 등과 경성의 독립만세

운동과 마찬가지로 공주에서 함께 독립만세를 외치기로 '협정(協定)'하고 각자 고향으로 돌아갔다. 고종 국장을 참례하기 위해 상경한 윤봉균이 입수한 독립선언서는 3월 31일 등사, 인쇄하여 4월 1일에 배포했다. 따라서 윤봉균이 고종 국장 참례 후 공주로 왔을 때 독립선언서를 가져 왔고 이를 김수철뿐만 아니라 3월 24일 회합에 참여한 일부 인사가 알고 있었던 것으로 보인다.

이상과 같은 상황으로 공주에서 독립선언과 독립만세의 외침이 전해져 3·1독립운동을 전개할 수 있는 여건이 형성되어 갔다.

3

공주 전역에서
'대한독립만세'를 외치다

1) 공주면(공주 시내)

공주에서 독립만세를 외치려는 첫 움직임은 3월 7일에 있었다. 오후 7시경 약 150명이 앵산공원 정상 야소교회당 앞에 집합했다. 그러나 이를 탐지한 일경들이 출동해 강제로 해산시켰다.[11] 집합 장소와 당시 상황을 고려하면, 이는 단순한 모임이 아니라 영명학교 학생과 기독교인들이 독립만세를 부르기 위해 모인 것으로 보인다.

3월 12일 일경들은 장날을 이용해 독립만세운동을 전개하려는 계획을 발견하고 주도 인사들을 검거함으로써 독립만세를 외치지 못하도록 사전에 방지하는 한편 경계를 더욱 강화했다.[12] 하지만 3월 17일 공주 시장에서 김희봉이 독립만세를 외쳤다. 3월 14일 유구 독립만세운동을 주도한 황병주(黃秉周) 등이 유구경찰관주재소에서 공주경찰서로 압송됐다. 이에 김희봉은 자신의 고용주인 황병주가 공주경찰서로 이송

공주시 만세운동 재연 행사 모습 (2019년 3월 14일)

된 것에 분개하고 독립만세를 계획하고 3월 17일 공주 시장으로 나왔
다. 그는 오후 5시경 약 1,000명의 시장 군중과 상인들에게 독립만세를
부르도록 권유하고 혼자서 4~5회에 걸쳐 '조선독립만세'를 외쳤다. 마
침 시장을 순시하던 일경들에게 곧바로 체포되어 경찰서로 연행되는 바
람에 독립만세운동은 더 이상 확산되지 못했다.[13)]

　　그리고 2주일 후인 4월 1일 공주시장에서 김수철 등의 주도로
영명학교 학생 노명우, 윤봉균, 김현경(金賢敬) 등이 시장 군중과 함께
조선독립만세를 외쳤다.[14)] 3월 24일 오후 9시경 공주 영명학교 교실에
서 현석칠(공주 예수교회 목사), 김관회(영명학교 교사), 안창호(천안 예
수교회 목사), 이규상(영명여학교 교사), 현언동(영명학교 교사), 김사현,
오익표(학생), 안성호(학생) 등 9명이 회합을 가졌다. 이 회합에서 독립만

세에 공주 읍내 학생들과 지방민들을 참여시키기 위해 권유할 대상과 지역을 나누는 등 역할을 분담하고 4월 1일 오후 공주시장 장날에 독립만세를 거행할 것을 결정했다. 김관회는 영명학교와 공주공립보통학교 남학생, 이규상은 영명여학교와 공립보통학교 여학생, 현언동은 공주농학교 학생, 안성호는 지방민, 오익표는 외부 지방민들에게 참가를 권유하고, 김관회는 독립선언서를 인쇄, 배포하기로 하는 한편 현석칠이 독립만세운동의 총지휘를 담당하기로 했다.

그리하여 3월 25일 김관회는 영명학교 조수인 김수철을 만나 회합 내용을 전달하고 영명학교 학생들의 참여와 조선독립선언서 약 1,000매의 인쇄 및 배포를 의뢰하고 경비로 10원을 지급했다. 이에 김수철은 독립운동에 참가하기로 약속하고, 귀가 중인 유우석, 노명우, 강윤, 윤봉균에게 학교로 등교하도록 통보했다. 또한 3월 29일에는 이규남의 집을 방문해 독립만세 시 사용할 태극기 4기를 제작하도록 부탁했다.15) 그리고 3월 30일에는 유우석 등 4명에게 김관회의 뜻을 전하고 독립운동 참가를 재차 요청했다. 이들은 모두 동의하고 다음 날인 3월 31일 독립선언서를 인쇄하기로 약속했다. 3월 31일 윤봉균이 경성에서 가져온 독립선언서를 학교 등사기를 사용해 1,000매를 인쇄했다. 독립만세 준비 상황의 전말을 들은 양재순도 동참했다. 신성우가 등사판을 돌리고 윤봉균 등이 옆에서 도왔으며 유우석은 인쇄된 독립선언서를 반으로 접어 정리했다.16)

공주읍내 장터 터(중동 일원)

　　한편 현언동은 3월 30일 공주농업학교 교사 이성구의 상반정 집으로 찾아가 독립만세운동에 공주농업학교 학생들의 참가를 권유했지만 거절당했다. 이규상은 박루이사에게 회합의 취지를 설명하고 공주 공립보통여학교 학생들의 참여를 부탁했다. 박루이사는 이를 승낙하고 3월 27, 28일경 공립보통여학교 여교사 이원용의 욱정 집으로 찾아가 독립운동의 필요성을 설명하고 여학생들과 그 가족들이 독립만세에 참가하도록 권유해달라고 부탁했으나 거절당했다. 이보다 앞서 그녀는 이활란과 함께 영명여학교 한 교실에서 여학생 김양옥 등 여러 명에게 독립만세에 참가하도록 권유했다.

4월 1일 김수철, 노명우, 윤봉균은 이규남이 만든 태극기 1기씩을 휴대하고, 노명우, 유우석, 강윤, 양재순은 독립선언서 100매 정도씩을 휴대하고 공주 시장으로 나갔다. 이들은 오후 2시경 시장에 집합한 군중들에게 독립선언서를 배포하고 태극기를 흔들며 조선독립만세를 외쳤다. 이규상에게 독립만세운동을 전해 들은 김현경도 참가를 결심하고 태극기 1기를 이규상에게 받아 본정 자택에 있는 영명여학교 학생들과 함께 시장으로 나와 김수철 등과 함께 독립만세를 외쳤다.[17] 이에 공주 경찰서 일경들이 출동해 주도 학생들을 모두 체포하고 태극기 2기와 독립선언서 110매를 압수했다.[18] 김현경은 일경에게 체포되어 끌려가면서도 경찰서 문앞까지 독립만세를 연호했다.[19]

소요사건경과개람표(조선헌병대사령부, 조선총독부 경무총감부 작성)에는 '4월 1일, 충남 공주, 미연 방지, 독립선언서 배포 중 탐지'로 기재되어 독립선언서 배포 중에 탐지해 독립만세운동을 사전에 제압(미연 방지)한 것으로 되어 있다.

2) 신상면(유구)

유구에서는 3월 14일 장날 천도교도 황병주의 주도로 약 500여 명의 군중이 유구시장에서 독립만세를 외치고 유구경찰관주재소를 공격해 파괴했다.[20]

천도교도인 황병주는 『매일신보』를 통해 손병희가 경성에서 독립선언을 하여 체포된 사실을 알고 독립만세를 외치기로 결심했다. 그는 장날인 3월 14일 오후 4시경 유구시장에 나가 약 30명의 군중에게 독립만세를 부르도록 권유하고 자신의 모자를 벗어 흔들며 조선독립만세를 외쳤다. 이어 더 많은 군중이 합세해 만세를 부르며 시장을 활보하다가 우시장으로 이동했다. 그때 시장을 순회하며 경계하던 유구경찰관주재소 순사 타카야마 덴에몬(高山傳右衛門) 등 일경들은 박인옥의 집 앞에서 만세를 부르지 못하게 제지하고 군중에게 해산을 명령했다. 그러나 군중은 불응했다. 하재옥 집 앞에서는 황연성(黃連性), 박준빈(朴準斌) 등이 만세를 외쳤다.

운집한 군중들은 약 500명에 이르렀다.[21] 일경들이 몇 차례 해산을 명령했으나 군중은 계속해 독립만세를 외쳤다. 그러자 고산 순사는 순사보 박용진에게 황병주를 체포해 주재소로 끌고 가도록 지시했다. 황병주가 연행되자, 군중은 일경들을 뒤따라가며 '황병주를 돌려보내라'고 소리치고 주재소에 도착해서도 황병주의 석방을 요구했다. 이어 군중들은 돌을 던지거나 막대기를 휘둘러 주재소를 공격해 파괴했다.

한편 이승현(성현, 李升鉉)은 시장에 남아 있던 약 100명에게 '너희들은 어찌하여 그렇게 보고만 있는가? 나와 함께 행동해 속히 황병주를 돌려달라고 주재소로 쇄도하자'고 주창하고 군중을 이끌고 주재소로 갔다. 하재옥, 쑤이슈쿵, 박인옥 등 집 앞에서 주도 인사들은 하재옥, 쑤이슈쿵, 박인옥 등의 집 앞에서 군중을 독려하는 연설을 하거

나 독립만세를 외쳐 분위기를 고조시켰다. 황연성은 하재옥 집 앞에서 박준빈, 정희준(鄭熙準), 이우상(李雨相), 유석우(柳錫瑀), 노상우(盧相羽) 등과 독립만세를 외치고 주재소로 향했다. 정희준은 군중에게 '너희도 조선인 아닌가? 어째서 만세를 부르지 않느냐? 빨리 만세를 부르라'고 소리치며 참여를 독려했다. 황연성은 주재소로 들어가 박용진 순사보에게 '황병주를 방환하라. 그렇지 않으면 일동은 물러나지 않겠다'고 석방할 것을 압박했다. 이필영 순사보가 황연성을 사무실 밖으로 밀어냈다. 그러자 군중은 주재소를 향해 투석하기 시작했다. 박준빈도 '어째서 황병주를 석방하지 않는가? 즉시 석방하라!'고 순사에게 소리치며 순사의 왼쪽 가슴을 가격했다.

현우석(玄宇錫)은 군중에게 막대기를 빼앗아 주재소 문과 등을 부쉈다. 이유상, 유석우, 안만원(安萬元), 유진태(兪鎭台)와 함께 주재소에 갔던 이정춘은 돌을 던져 창문 유리창을 깨뜨렸다. 김병헌, 김상규(상교) 등도 솔선해 주재소에 돌을 던지거나 몽둥이로 유리창, 문, 등, 연돌 등을 깨뜨리고 부쉈다. 강태하, 윤창선, 이홍규, 조병옥, 김좌록, 김지성, 권중륜 등도 솔선해 주재소를 공격해 파괴하는 활동을 전개했다.[22]

3) 정안면

정안에서는 4월 1일 석송리에서 이기한의 주도로 주민들 20~30명이 독립만세를 외치고 이어 광정리로 향하던 중 운궁리 주민들이 합세해 광정리에서 600여 명의 군중들이 주재소 및 일본인 집을 공격 파괴했다.

이기한은 석송리에 거주하는 유림으로 이병억과 3월 1일 이후 전국 각지에서 독립만세를 외치고 있는 사실을 알고 함께 독립만세를 부르기로 결의했다.[24] 이들은 4월 1일 석송리에서 마을 주민 이동엽, 정재철, 남순길 등 20~30명과 함께 대한독립만세를 외쳤다. 이기한이 조정관과 태극기를 들고 앞장서고 이동안(동엽), 정재철, 문백룡, 김정쇠, 최병한 등이 주민들과 함께 뒤따르며 독립만세를 외치면서 면 소재지인 광정리로 향했다. 만세 군중들이 광정리로 향하던 중에 운궁리 주민들이 합세했다. 운궁리 주민들은 부역으로 나무심기 작업을 나와 일을 마치고 12시경 귀가하던 중에 석송리 주민들을 만났다.

　　주민들의 권유와 요구에 따라 최범성, 윤원식, 이월성, 원강희, 김오룡, 이명보(소보), 이희도, 이돈석, 유고도(길도) 등 20여 명의 운궁리 주민들이 만세 대열에 합세했다. 이들은 식수 작업 도구인 삽, 곡괭이, 쇠스랑 등을 가지고 광정리로 갔다.

　　광정리에 도착한 300여 명의 군중들은 이기한의 지휘 하에 일경이 출장 중으로 근무자가 없는 광정경찰관주재소를 파괴했다.25) 먼저 태극기를 갖고 있던 인사가 깃대로 주재소 정문의 등을 깨뜨리고 3~4명이 주재소를 공격했다. 이기한도 '주재소를 파괴하자'고 소리쳤다. 이에 유원식은 삽을 휘둘러 게시판을, 이월성도 삽으로 좌측 담을 파괴하며 창문틀을, 김오룡은 발로 차서 담을, 이돈석은 주먹으로 현관 우측의 유리창을, 김삼룡(金三龍)은 쇠스랑으로 좌측 담을, 홍점산은 지게받

이로 건물을 부쉈고, 황타관은 발길로 유리창을 깨뜨렸다.

한편 광정주재소가 공격을 받았다는 정보를 오후 3시경 접한 도경무부에서는 보병 5명, 헌병 2명, 일경 1명을 자동차로 급파했다.[26] 일제 군경들은 광정리로 출동하던 중 오후 4시경 석송리 주막에 이르렀다. 이때 광정리에서 독립만세를 외친 군중 가운데 석송리 주민 일부가 마을로 돌아와 주막(김원일의 집)에서 휴식을 취하고 있었다. 주민 14~15명이 도로로 나가 손을 흔들고 만세를 외치면서 자동차 운행을 가로막았다. 군경이 하차해 주민들을 체포하려 했으나 군중이 흩어져 피하자 군경들은 자동차로 되돌아갔다. 그러자 주위에 있던 노규현, 정화순, 장기현 등 40~50여 명의 주민들이 가세해 군경들을 에워 쌌다. 군경들은 주도자로 지목한 이동안을 체포하려 했다.

노규현, 정화순, 장기현, 문백룡, 정재철, 서순석 등이 키하라신지로(木原新次郎) 순사를 앞뒤 좌우에서 밀치며 체포를 방해했다. 이동안의 체포에 실패한 군경들은 서광순과 정재철을 체포했다.[27] 이에 김정쇠와 전정길은 순사에 덤벼들어 체포를 방해하고, 문백룡과 장기현은 순사를 입으로 깨물었다. 특히 이동안은 순사보에게 '너는 이 근남이 아니냐? 너도 조선사람인데, 어째서 만세를 부르지 않느냐!'며 주먹으로 구타했다. 또한 나카고우키미요시(中聖美吉) 헌병군조의 칼을 탈취하려고 실랑이를 일으켜 칼을 땅에 떨어트린 헌병이 총을 뽑아 발포했다. 헌병의 발포로 상황을 제압한 군경들은 이동엽, 정재철 등을 체포해 공주경찰서로 압송했다.

　　군경들이 퇴각한 이후 밤이 되자 이기한은 주민들을 이끌고 다시 광정리로 갔다. 600명의 군중들이 주재소에 가서 사무실, 숙사, 게시판, 연등, 공용서류를 파괴하고 부근 일본인의 가옥 창문까지 파괴했다.[28] 다음날인 4월 2일에는 광정리에서 약 100명의 군중들이 독립만세를 외쳤다.[29] 이어 4월 3일에도 정안면에서는 독립만세를 이어갔다.[30]

<h3>4) 기타 면</h3>

　　의당면에서는 4월 1일부터 약 8개소에서 400여 명이 군중들이 결집해서 독립만세를 외쳤고, 다음 날인 4월 2일에도 약 600여 명이 13개소에서 독립만세를 부르고 자진 해산했다.[31]

우성면에서는 4월 3일 동대리에서 500명의 주민들이 독립만세를 외쳤다.32) 같은 날 장기면에서는 대교리에서 1,000여 명의 면민들이 독립만세를 외쳤고,33) 계룡면에서는 같은 날 오후 11시부터 4월 4일까지 경천리에서 1,000~1,500명의 면민들이 독립만세를 불렀다.34)

목동면(이인면)에서는 4월 4일 이인리에서 1,500명의 면민들이 집합해 독립만세를 외쳤고,35) 주외면에서는 용당리에서 1,000명의 면민들이 독립만세를 불렀다.36) 반포면에서는 4월 5일 상신리에서 300명의 주민들이 집합해 독립만세를 외쳤다.37)

4

횃불을 올리며
독립을 염원하다

독립만세운동이 지방으로 확산되는 과정에서 3월 6일 평남 용강군 광양만에서 다수의 주민이 경찰서 부근에 모여 불을 피우고 큰 깃발을 앞세워 경찰서를 공격하려고 했다는 기록이 있다.[38] 3월 23일 충북 청주군 강내면 태성리에서 조동식이 주민 수십 명을 이끌고 산 정상에 올라가서 불을 피우고 독립만세를 외쳤다.[39] 이날 강외면, 옥산면 등지에서도 주민들이 같은 형태의 독립만세운동을 전개했다. 오후 9시경부터 강내면, 강외면 면민들이 충남 연기군 조치원 방면으로 행진해 왔다. 이에 조치원과 부근 마을 주민들도 산 위에서 불을 피우고 독립만세를 외치는 횃불독립만세운동을 전개했다. 이후 연기군을 중심으로 확산되었던 횃불독립만세운동은 충남 전역으로 확산되어 충남 지방의 대표적인 3·1독립운동으로 발전했다.[40]

공주 지역에서는 4월 1일 오후 9시 장기면 도계리에서 마을 주민 약 100명이 산 위에 올라 불을 피우고 독립만세를 외치는 횃불독립만세운동을 전개했다. 대교경찰관주재소 일경들이 출동해 주도 인사 7명을 체포하고 해산시켰다.[41] 이어 4월 2일부터 7일까지 장기, 의당, 우성, 사곡, 계룡, 주외, 목동, 탄천 등 8개 면에서 밤마다 마을 주민들이 산 위에 올라가 불을 들고 만세를 외쳐는 횃불독립만세운동을 전개했다.[42]

우성에서는 4월 2일 오후 9시경 쌍신리 주민 200명이 마을 부근 산 2~3곳에 올라 불을 피우고 독립만세를 외치는 횃불독립만세운동을 전개했다.[43] 탄천에서는 4월 3일 오후 11시경 탄천경찰관주재소(삼각리) 부근에서 약 1,500명의 면민들이 집합해 횃불독립만세운동을 전개했다.[44] 주재소 일경들이 출동하고 공주에서 지원 병력들이 출동한다는 정보를 듣고 일경들이 도착하기 전에 면민들을 해산했다.[45]

의당에서도 4월 2일 이후 태산리를 중심으로 면내에서 각 마을 주민들이 횃불독립만세를 외쳤다. 이는 의당면의 범죄인명부에 공주경찰서에서 태형을 당한 인사 15명이 기재되어 있는 것으로 확인된다. 이외 이인보통학교에서는 4월 상순경부터 점차 독립만세운동이 확산되어 밤을 새워가며 경계에 노력하였다. 4월 3일 이인면과 남천에 소요가 험악하여 언제 학교로 만세 군중이 올지 모르는 상황에서 학교에 보관 중이던 책어등본을 오후 9시경 공주군청으로 옮기기도 했다.[46]

또한 4월 초 공주 지역의 독립만세운동 영향으로 우편 사무가 중단되기도 했다. 조치원에서 공주 간의 인부 송편(送便)이 중단됐고, 4월 4일에는 공주에서 논산 간의 체송편(遞送便)이 송달되지 못했다. 4월 5일에는 공주와 홍성 간의 왕복 체송 도중에 청양에서 체송인이 주민 약 30여 명에게 억류되었다가 약 1시간 후에 풀려나는 일도 있었다.[47] 이상의 공주 3·1독립운동을 정리하면 〈표1〉 과 같다.

〈표 1〉 공주 3 · 1독립운동 전개 상황

연번	일자	장소	형태	주도인사	참가인원	주요전거	비고
1	3.7	공주 앵산				동경조일신문	시도
2	3.12	공주				조선소요사건서류	사전 진압
3	3.14	신상 유구 시장	만세	황병주 등	300~500	판결문	
4	3.17	공주 시장	만세	김희봉		판결문	
5	4.1	공주 시장	만세	현석칠 등	1,000	판결문	
6	4.1	정안 광정리	만세	이기한 등	300~500 600~800	판결문	
7	4.1	장기 도계리	횃불		약100	조선소요사건서류	
8	4.2	정안 광정리	만세		100	일본외무성기록	
9	4.2	의당 태산리	만세		500	조선소요사건일람표	
10	4.2	우성 쌍신리	횃불		200	조선소요사건서류	
11	4.3	우성 동대리	만세		500	조선소요사건일람표	
12	4.3	탄천 삼각리	횃불		1,500	일본외무성기록	
13	4.3	장기 대교리	만세		1,000	조선소요사건일람표	
14	4.3~4	계룡 경천리	만세		1,000~ 1,500	조선소요사건일람표	
15	4.4	이인 이인리	만세		1,500	조선소요사건일람표	
16	4.4	주외 용당리	만세		1,000	조선소요사건일람표	
17	4.5	반포 상신리	만세		300	조선소요사건일람표	
18	4.2~7	장기, 의당, 우성, 사곡, 계룡, 주외, 이인, 탄천 등 8개 면	횃불			매일신보	
합계					9,800~ 11,000		

공주시 황새바위 순교지

5

일제의 간악한 탄압,
그 상흔이 독립의 밀알이 되다

공주는 충청남도의 도청 소재지로서 치안기관이 집중되어 있었다. 충청남도경찰부, 공주헌병주재소, 공주경찰서 및 8개 경찰관주재소(광정, 대교, 탄천, 사곡, 우성, 유구, 경천, 공암)의 일경과 헌병 들이 치안을 담당했다. 그럼에도 일제는 '소요자 떼가 출몰하는 까닭에 야단이며 인심이 흉흉하다'며 군 병력을 출동시키고 증파해 경계를 강화했다.

조선총독의 명령에 따라 조선군사령관은 3월 12일 독립만세운동을 사전에 제지할 목적으로 대구의 80연대 본부에 1개 중대를 공주에 배치하도록 명령했다.[48] 이에 3월 13일 오후 6시 조치원에서 3대의 자동차로 보병 약 20명을 공주로 급파했다.[49] 도경무부에서는 만일을 방비하기 위해 경비대를 주둔시키려고 3월 13일 대전 80연대 3대대 보병 25명을 공주로 이동시켰다.[50] 따라서 조치원에서 보병 약 20명과 대전에서 보병 25명, 합계 45명이 공주로 출동해 주둔했다. 독립만세운동이 확산되면서 4월 7일 일본에서 임시 증파된 헌병 장교 이하 65명을 전국

일제강점기 공주형무소 전경

에 분산 배치하면서 공주에 헌병 하사 2명과 상등병 10명을 배속시켰다.[51] 4월 5일 참명(參命) 제2호 제1에 의해 일본에서 제2, 5, 8, 9, 10, 13 사단에서 각 1개 대대씩 총 6개 대대를 조선에 증파했다. 제5사단 71연대 제1대대는 일본 우지나에서 출발해 4월 10일 부산에 도착해 열차편으로 철원으로 수송됐다. 이 대대에서 대대 본부와 2개 중대가 4월 12일 공주 인근의 조치원으로 배치되기도 했다.[52] 그리고 독립만세운동이 더 이상 전개되지 못한 상황임에도 일제는 5월 19일 경무총감부 훈령으로 내지인(일본인) 순사 2,444명, 순사보 3,080명을 각도에 분산 배치했다. 이때 충남에는 154명이 증원됐다.[53]

충청남도장관 상원은 '경기, 충북, 군산 방면에서 독립만세운동이 전래되어 천안, 조치원, 대전, 강경, 서천 각지에 야소교도와 천도

공주형무소 터와 망루(황새바위 순례길)

교도가 서로 호응하여 각종 방법으로 선동과 협박을 해서 우편소, 순사주재소 또는 면사무소를 습격하며 상점의 폐쇄를 강요하고 관공리의 사직을 권고하는 등 횡포가 이르지 않은 바가 없으니 순연한 폭도들이 악질적으로 되었다'며 경무관헌과 협의해 4월 1일 자로 수천 매의 경고문을 인쇄해 군, 면, 리, 학교, 금융조합, 시장 기타 군중이 집합하는 장소에 게시하여 독립만세운동을 사전에 제지하고자 했다.54)

　　3·1독립운동의 탄압 실태를 살펴보면, 유구에서 3월 14일 유구 경찰관주재소가 공격을 당하자, 일제는 공주에서 일경 6명과 보병 하사 이하 6명을 출동시켜 주도 인사 5명을 체포하고 해산시켰다. 이후 검거 활동으로 32명이 체포되었다.55) 공주에서는 3월 17일 김희봉이 독립만세를 외쳐 체포 구금됐다. 이어 4월 1일 독립만세운동으로 처음에는 남

학생 3명, 여학생 1명이 체포됐다.56) 이어 일경과 보병의 출동 진압으로 여학생 1명 등 6명이 체포당하고 김현경과 유우석이 중상을 당했다.57) 체포 인사의 1명은 전 사감으로 현재 조수직(김수철)에 있고, 1명은 현재 공주군 계룡면의 원명학교원(김현경)이고 다른 모두는 재학생 또는 졸업생이라고 되어있다.58) 이후 박영선(朴永善) 등도 체포되고59) 목사 현석칠, 안창호는 5월 중순에 체포됐다.60)

정안에서는 4월 1일 광정리에서 500명이 독립만세를 외쳐 자동차로 순사와 군대가 출동해 진압했다고 기록되어 있다.61) 일제의 탄압상에는 여러 기록들이 있다. 현장에서 1명 사망, 1명 중상, 8명 부상이 있었다는 기록,62) 석송리에서 4명 체포, 7명 부상, 일경 1명 부상, 광정리에서 5명 체포, 1명 사망, 6명 부상, 피해 장소(주재소) 1개소가 있었다는 기록,63) 광정리에서 14명 부상이 있었다는 기록 등이다.64) 이 기록들은 석송리에서 주민들이 광정리로 출동하는 군경과 격투하는 과정과 광정리에서 밤에 재차 주재소를 공격할 때 장교 이하 16명이 출동해 진압하는 과정에서의 탄압상을 기록하는 것으로, 종합하면 1명이 사망하고 13~14명이 부상(중상 포함)을 당했으며 9명이 체포됐다.

판결문에 의하면, 홍점산의 모친은 4월 2일 운궁리 주막집 이달동에게 일경들이 와서 물어도 '운궁리 사람들 가운데 만세를 부르고 광정리로 나간 사람은 한 사람도 없었다'고 대답하라고 부탁했다. 증인 박봉석의 예심조서에 의하면, '수일 후 밭에서 홍점산과 황타관을 만났다. 그들은 자기에게 광정리에 갔었느냐고 물었다'고 한 진술을 보면 참가자들은 4월 1일 독립만세를 외치고 '수일'이 지나도록 체포되지 않은 것으로 보인다. 일경들은 독립만세운동 이후 검거 체포한 인사들의 심문조사를 통해 지속적으로 참가자들을 색출했고 이로 인해 참가자들은 집을 떠나 피신해야 했다. 4월 2일에도 광정리로 80연대 장교 이하 16명이 출동해 만세 군중을 진압 해산시켜 7명이 체포를 당했다.[65] 이후 일제의 체포 작전에 따라 11명이 추가로 체포되고[66] 20여 명은 마을을 떠나 피신했다.[67]

장기에서는 4월 1일 도계리의 횃불독립만세운동으로 대교경찰관주재소 일경들에게 주도 인사 7명이 체포되어 구금당했다.[68] 4월 3일에도 대교리 주민들의 독립만세운동에 대교경찰관주재소 일경들이 출동해 8명을 검거 체포하고 주민들을 해산시켰다. 이후 일경의 검거 체포로 30여 명이 연행되고 김가동, 김세현, 이선구, 이교찬, 이성실, 박정오 등은 공주 검사국으로 송치됐다.[69]

우성에서는 4월 3일 동대리 주민들의 독립만세운동에 우성경찰관주재소 일경들이 출동해 34명을 검거 체포하고 주민들을 해산시켰다.[70] 계룡에서는 4월 3일~4일 경천리 주민들의 독립만세운동에 경천경찰관주재소 일경들이 출동해 진압을 시도했다. 이어 공주에서 지원 일경들이 도착하기 전에 주민들은 해산했다.[71] 주외면에서는 4월 4일 용당리 주민들의 독립만세운동에 공주헌병주재소 헌병들이 출동해 주도 인사 4명을 체포하고 해산시켰다.[72] 반포면에서는 4월 5일 상신리 주민들의 독립만세운동을 공암경찰관주재소 일경들이 출동해 진압함으로써 해산되었다.73) 이상과 같이 일제의 독립만세운동 전개 현장과 그 이후의 검거 활동 등의 탄압으로 1명이 사망하고 15~6명이 부상을 당했으며 최소 120여 명에서 최대 140여 명이 체포를 당했다.74)

공주독립만세운동으로 김희봉75)과 현석칠 등 18명이 각각 보안법 위반, 보안법 위반과 출판법 위반으로 공주지방법원에서 실형과 집행유예 등을 선고받았다.76) 김수철은 일경과 헌병들의 심문조사에서도 '독립운동은 장래에도 신명을 다하면서까지 실행할 결심이다'라고 밝혀 자신의 독립정신을 표출했다.77) 유구독립만세운동으로 황병주 등 23명이 보안법 위반과 소요(죄)로 공주지방법원에서 실형과 무죄를 선고받았다.78)

정안독립만세운동으로 이기한 등 25명은 공주지방법원 판결 후 공소 제기로 경성복심법원에서 실형, 구류 및 무죄를 선고받았다.79) 또한 『매일신보』에 의하면, 9월 28일 공주지방법원에서 지기찬, 최범성, 김오룡, 윤원식, 이돈석, 이월성, 강억쇠, 이명보, 김삼룡, 이광봉, 황타관, 홍점산, 유고도, 최태극, 이완용, 원강희가 징역 1년 2월, 이영한, 박승익, 최병륜, 남순길, 이자설, 구영서, 김순명, 박한용이 태 90으로 24명이 실형과 태형을 선고받았다.80) 또 다른 별건 재판으로 경성복심법원에 공소를 제기한 이기한 등 9명과 서순석 등에게 판결 선고했다. 이 2건 별건 재판의 판결 선고에 불복해 이기한 등 25명이 경성복심법원에 공소를 제기해 실형, 구류 및 무죄를 선고받았다. 이어 이기한은 고등법원에 상고했으나 상고 기각을 선고받아 경성복심법원의 선고 형량인 3년 형이 확정되어 옥고를 겪었다. 따라서 정안독립만세운동으로 사법적 탄압을 받은 인사는 경성복심법원 공소 제기 인사 25명과 공주지방법원에서 선고받은 인사 가운데 경성복심법원에 공소를 제기하지 않은 인사 8명으로 합계 33명이 된다. 그러므로 공주 지역 3·1독립운동으로 일제의 사법적 탄압을 받은 인사는 총 76명이나 된다.[81] 이들의 형량과 인원은 〈표2〉와 같다.

국가기록원 형사사건부에 의하면, 보안법과 출판법 위반 죄명으로 대전지검 공주지청에 송치된 공주면 인사들 가운데 5월 14일 기소중지로 불기소 처분을 받은 인사가 김인회 1명, 범죄 증빙 불충분으로 불기소된 인사가 이교영, 김영철, 손대벽, 현덕, 문종철, 박영선, 유성배, 백병기, 임명선, 이성국 등 10명, 7월 28일 공주지방법원 예심에서 면소 방면을 받은 인사가 최종식 1명이다. 즉 불기소 처분이나 면소 방면을 받은 인사가 합계 12명이다.[82]

〈표 2〉 공주 3·1독립운동에 대한 사법 탄압 상황

구분	2년이상	1년	10개월	8개월	8개월집유2년	6월	4월	구류25일	무죄	태형	면소	합계
유구	8	1			5	12				2			28
공주		1										1
공주*		2(집유**)		1(집유)		5(집유)	2(집유)		8		1	19
정안	1	1	10	7	2			2	2	8		33
계	9	4	11	8	7	17	2	2	12	8	1	81

* 공주는 4월 1일 공주 독립만세운동으로, 무죄 8명을 제외한 10명은 실형 집행유예 2년이 선고됨.
** 집유 2년은 집행유예 2년임.

보안법 위반과 소요죄명으로 공주지청에 송치된 정안면 인사들 가운데 5월 8일 공주지청에서 증거 불충분으로 불기소 처분을 받은 인사가 김진억, 최현철, 서의순, 안명삼, 이원묵, 배언임 등 6명, 면소 방면을 받은 인사가 성억복 1명, 8월 17일 공주지방법원 예심에서 면소 방면을 받은 인사가 안성호, 이병호, 이희도 등 3명, 증거 불충분으로 불기소 처분을 받은 인사가 조삼보 1명이다. 즉 정안독립만세운동으로 증거 불충분으로 불기소나 면소 방면을 받은 인사는 합계 11명이다.[83]

범죄인 명부에 의하면, 정안면에서는 4월 20일 임헌무가 공주경찰서에서 공주경찰서장의 즉결처분으로 태 60을 당했다. 의당면에서는 4월 20일 박만복, 4월 25일 박영래, 이건우, 이상욱 등 3명, 4월 26일 강태륜, 강혁주, 김동식, 김백룡, 김영휘, 노사문, 박윤근, 신필범, 이철하, 장연룡, 조재형 등 11명, 합계 15명이 공주경찰서에서 태 90을 당했다.

이상과 같이 사법적 탄압을 받은 인사 76명, 면소 방면 및 불기소 처분을 받은 인사 23명, 태형을 당한 인사 16명을 합치면 합계 115명이 된다. 즉 체포 구금된 120여 명 이상의 인사들 가운데 115명이 대전검사국 공주지청이나 공주지방법원에서 불기소, 면소, 무죄, 태형, 실형과 벌금, 실형과 집행유예, 실형 등의 처분이나 선고를 받았고, 공주경찰서에서 16명이 태형을 당했다.[84] 이를 정리하면 〈부록-공주 3·1독립운동 탄압 상황〉과 같다.

일제는 군중이 집합하는 시장을 폐쇄해 독립만세운동을 사전에 방지하려 했다. 4월 1일 공주독립만세운동이 전개되자 곧바로 조선인 상점들이 철시했다.[85] 이는 일제에 대한 상인들의 항거를 나타내는 것이었다. 하지만 일제는 4월 2일부터 4월 7일까지 장기 등 공주군내 8개 면에서 횃불독립만세운동이 전개됨에 따라 공주 읍내 시장을 제외한 군내 각 면의 시장을 전부 폐쇄시켰다.[86] 공주군청은 '게시(揭示)'로 시장규칙 제7조를 근거해 4월 5일부터 군내 각 면의 시장을 폐시(閉市)시켰다. 즉 목동면 이인장, 계룡면 경천장, 반주(반포)면 공암장, 장기면 대교장, 정안면 광정장, 신상면(유구면) 유구장, 사곡면 호계장, 우성면 공수원장 등 군내 8개 시장이 폐쇄됐다. 그러나 4월 1일 독립만세운동으로 철시되었던 공주 읍내 시장들은 경찰서장의 권유로 4월 6일부터 전부 다시 열었다.[87] 상인들의 철시는 일제에 대한 항거였으나 일제의 철시는 군중이 집합해 독립만세를 외치는 것을 사전에 방지하려는 탄압 정책이었다. 또한 장시를 중심으로 생활하는 상인이나 주민들에게는 경제적 타격을 가하여 생활에 고통을 주는 탄압 정책이기도 했다.[88]

일제의 행정기관장과 치안기관장들은 직접 회유에 나서기도 했다. 정안 독립만세운동에 대한 일제의 탄압으로 민심이 극도로 악화되고 피신하거나 마을을 떠나는 주민들이 많아지자 주민 회유에 직접 나섰다. 4월 21일에 도장관, 경무부장, 군수, 경찰서장 등이 정안면을 방문해 약 600명의 면민을 집합시켜 설득과 회유로 훈계를 했다. 이에 면민들은 주도 인사로 체포 구금된 인사들을 속히 방면해줄 것을 요구하는 청원서 3장을 제출하기도 했다.[89] 5월이 되어도 민심이 진정되지 않자, 도장관과 경무부장은 2차에 걸쳐 광정리에 가서 주민들을 모아놓고 유시했다.[90] 일제의 지속적인 검거 활동에 따라 집을 비우고 타지로 떠나는 주민들이 많아지자, 경찰서장은 직접 석송리에 나가 의당면 율정리까지 마을을 돌며 주민들을 진정시키기 위해 설유(說諭)하기도 했다.[91]

또 일제는 유력자들을 집합시켜 회유하기도 했다. 4월 26일 도장관 등이 공주 금강관에서 '민간 유력자' 30명을 조치해 관민 유지의 간담회를 개최했다.[92] 이에 편승해 친일파들도 활동했다. 6월 7일 오후 1시 산성공원 유심각에서 김갑순, 서한보(도참사), 유병각(면장), 이현주(신사)의 발기로 내선인(內鮮人) 50여 명이 집합했다. 이현주가 '금번 소요는 인민의 오해이니 종금 이후로는 내선인이 특별친밀하기로 희망한다'고 말하고 도장관, 경무부장, 군수의 답사가 있었고 천기(川崎) 공주 면장이 '실업협회에 대해 내선인이 협력 증자해서 복리를 증진하자'는 설명이 있은 후 오후 5시경 해산했다.[93] 이보다 앞서 전술한 5월에 도장관과 경무부장의 광정리 제2차 출장이 있은 후 정안의 유력자 12명이 165원의 기부금을 갹출하여 정안경찰관주재소의 파괴된 곳을 수선해 복구하기로 했다.[94] 이와 같이 독립만세운동의 전개 과정에서 '일선 친선', '일선 융화' 등의 미명 아래 간담회, 친선회, 간친회 개최와 피해 복구 과정에서 일제에 협력하는 등으로 새로운 친일파들이 형성되는 모습이 나타나기도 했다.

그리고 민간인들의 회유도 있었다. 목동면 구암리에서 최상집은 4월 4일 밤 목동면 각 마을에서 주민들이 산에 올라가 불을 들고 독립만세를 연창하는 횃불독립만세운동을 듣고 마을 주민과 친인척 및 고용인 등을 집으로 불러모아 집 문을 잠그고 시국 관계를 반복해서 설유하며 독립만세에 참가하지 못하도록 했다. 이리하여 구암리 주민들은 독립만세운동에 참가하지 않았다.[95] 5월 14일에는 공주보통학교에서 조윤용이 관민 120여 명을 모아놓고 '일선인간(日鮮人間)의 친목할 취지'를 설명하며 회유했다.[96] 또한 금강관에서는 기독교원 유일선이 300여 명을 모아 '정신수양상의 강연'을 개최했다.[97]

'역사의 갈등' 사건도 있었다. 4월 1일 공주 독립만세운동을 주도한 김현경의 부친 김봉인은 자택에서 목숨을 끊었다. 그는 김현경이 독립만세운동에 참가한 것은 '부모의 책임으로 교육의 방법이 그릇한 까닭'이고 '도청의 순시(巡視)로서 한량없는 은혜'를 받았는데 독립만세운동에 참가하여 '말할 수 없고' 아랫사람을 감독하는 책임자로서 '위신을 잃어버렸다'며 사직할 것을 누차 말했다. 이어 상심해 병이 생겨 앓다가 4월 22일 아침 자결했다. 이에 도청과 수비대 순시 중이던 군참모장은 조위금을 전달했다. 장례식에는 도청, 경무부, 자혜의원, 군청, 은행, 회사, 금융조합원 및 민간 유지 다수가 참석해 애도했다.[98] 이와는 반대로 '김현경은 김봉인의 외동딸인데 딸의 참혹한 형벌이 하루하루 심해짐을 듣고 통분을 이기지 못해 스스로 목숨을 끊었더라'는 기록이 있다.[99]

6

3·1독립운동을
되새기다

우선, 공주 3·1독립운동은 3월 14일부터 4월 7일까지 약 3주 간동안 12개 면에서 1만 명 이상의 군민들이 참여해 전개한 독립운동이 었다.

3월 14일 유구, 3월 17일 공주, 4월 1일 공주, 정안(2회), 4월 2일 정안(2곳), 4월 3일 장기, 우성, 계룡, 4월 4일 목동, 주외, 4월 5일 반포에서 독립만세운동이 전개되었고, 4월 1일 장기, 4월 2일부터 7일까지 장기, 의당, 우성, 사곡, 계룡, 주외, 목동, 탄천의 8개 면에서 횃불독립만세운동을 전개했다. 12개 면에서 최소 9,800명에서 최대 11,000여 명 이상의 군민들이 독립만세를 외쳤다.[100]

둘째, 다양한 주도 세력이 독립운동을 전개했다. 즉 종교인, 유학자, 교사, 학생, 면서기 및 농민들이 주도자로서 독립만세운동을 이끌었다. 3월 14일 유구에서 첫 대규모 독립만세운동을 전개한 황병주는

10년 전부터 천도교 교도로서 교주 손병희의 체포 소식을 알고 독립만세를 부르기로 결심했다. 4월 1일 공주 독립만세운동에 있어 3월 24일 첫 회합에 참여한 현석칠과 안창호는 각각 공주와 천안의 야소교회 목사였다. 같은 날 정안 독립만세운동을 이끈 이기한과 이병억은 정안에서 주민들의 존경을 받던 유림이었다. 공주 독립만세운동을 실질적으로 이끈 인사인 김관회, 이상규는 영명학교 교사이고 현언동은 영명여학교 교사였다. 영명학교 여학생들과 독립만세에 직접 참가해 부상까지 당한 김현경은 영명여학교를 졸업한 계룡의 경천영명학교 교사였다. 또한 영명학교 기숙사에서 독립선언서를 인쇄한 유우석, 노명우, 강윤, 윤봉균, 양재순은 영명학교 학생으로 공주 시장에서 독립만세를 주도했다. 일본 유학생인 오익표와 안성호도 첫 회합에 참가했고, 참가 권유 활동을 전개한 박루이사는 이화학당 학생이었다. 체포된 황병주의 석방 요구를 이끌고 주재소 공격을 주도한 인사는 면서기인 박준빈이었고 징역 3년의 중형을 선고받았다.[101] 이상의 인사들이 주도한 이외의 독립만세운동이나 특히 횃불독립만세운동은 농민들이 주도하고 전개했다.

셋째, 독립만세운동과 횃불독립만세운동에 참가한 인사들의 직업은 거의가 농민이었다. 4월 1일 공주 독립만세운동을 준비하고 실행한 인사들이 주로 교사와 학생들인 경우만 예외적이다. 판결문에 의하면, 유구 독립만세운동을 주도한 인사 23명 가운데 면서기 3명(박준빈, 이필규, 박병문), 머슴 1명(현우석)과 화상(靴商) 1명(권중륜)을 제외하면 18명이 농업이었다. 정안 독립만세운동의 인사 25명은 모두 농민이다. 실제로 머슴인 황타관, 고용인인 홍점산도 직업은 농민이었다.

넷째, 주도하거나 참가한 인사들의 연령대는 20대가 많았다. 다른 지역에서는 20~30대나 30~40대도 주도적 역할을 하는 데 비하면 공주는 상대적으로 20대 인사들이 많았다. 판결문에 의하면, 유구 독립만세운동에서는 30대와 40대가 주도적 역할을 했다. 주도 인사 23명의 연령 분포는 10대 1명, 20대 4명, 30대 8명, 40대 7명, 50대 1명, 60대 1명, 미기재 1명이다. 하지만 4월 1일 공주 독립만세운동에서는 20대들이 절대 다수로 활동했고, 정안 독립만세운동에서는 20대가 가장 많았다. 공주 인사 18명의 연령 분포는 10대 2명, 20대 12명, 30대 4명이고, 정안 인사 25명은 10대 2명, 20대 10명, 30대 7명, 40대 3명, 50대 1명, 60대 2명이다. 10대의 최저 연령은 19세로 전체 5명이었다. 고령층인 60대는 3명으로 정안의 장기현, 노규현이 62세이고 최고령자는 김지성으로 66세였다. 형사사건부에 의하면, 4월 1일 공주 독립만세운동으로 불기소 처분을 받은 인사가 11명인데 그 가운데 10대가 6명이나 된다. 정안 독립만세운동에서도 10대가 3명이나 된다. 10대 중 낮은 연령의 참가자는 14세가 1명, 15세가 2명이 있다. 현재 학령으로 보면, 중학교 1, 2학년 학생들이 독립만세운동에 참가해 활동했던 것이다.

다섯째, 독립운동은 평화적 방법과 공격적 방법으로 전개했다. 3월 14일 유구와 4월 1일 정안의 독립운동은 일제의 말단 치안기관인 주재소를 공격 파괴했다. 공주 지역의 첫 대규모 독립만세운동인 3월 14일 유구 독립만세운동은 평화적으로 모자를 벗어 흔들면서 독립만세를 외치는 것으로 전개되었다. 하지만 참가 인원이 증가하면서 일경이 주도 인사를 체포해 주재소에 구금시키면서 군중은 격해졌다. 군중은 구금자 석방을 요구했지만 오히려 밀쳐내고 계속해 석방을 요구하는 인사들과 일경들이 맞부딪치면서 군중이 주재소를 공격 파괴했다. 또한 4월 1일 정안 독립만세운동은 일경들이 출장으로 부재중인 주재소를 공격 파괴했고 이어 밤에 재차 주재소를 공격했으며 일본인 집 창유리도 깨트리며 전개했다. 이 3회에 걸친 독립운동 이외의 독립만세운동과 횃불 독립만세운동은 극히 평화적인 독립운동이었다. 4월 1일 공주 독립만세운동에서 독립선언서를 배포하고 태극기를 흔들며 독립만세를 외친 것을 포함한 모든 독립운동은 3·1독립운동의 비폭력 정신을 반영한 극히 평화적 방법으로 독립만세만을 외쳤다.

여섯째, 횃불독립만세운동을 활발히 전개한 독립운동이었다. 연기군 남면에서는 3월 23일부터 3월 29일까지 면내에서 대대적인 횃불독립만세운동을 전개했다.[102] 이에 인접한 공주군 장기면에서 4월 1일 도계리 주민들이 공주 지역의 첫 횃불독립만세운동을 전개했다. 이어 4월 2일 우성 쌍신리에서, 4월 3일 탄천주재소 부근에서 횃불 독립만세운동이 이어졌다. 『매일신보』에 의하면 4월 2일부터 4월 7일까지 6일간 공주 8개 면에서 밤마다 마을 주민들이 산 위에서 불을 들고 만세를 외치는 횃불독립만세를 전개했다. 아산과 홍성에서 대규모의 횃불독립만세운동이 전개되었지만 공주와 같이 6일간 8개 면에서 전개한 사례는 없었다.

일곱째, 독립만세운동 전개지에서 무력 탄압과 사법적 탄압도 있었지만 행정적 탄압과 회유 및 친일 세력이 등장하는 양상을 보였다.

일제의 탄압으로 1명이 사망하고 15~6명이 부상을 당했으며 120여 명이 체포됐다. 이어 76명이 사법적 탄압을 받았고, 대전지방법원 검사국 공주지청에서 5명이 면소 방면되고 18명이 불기소 처분을 당했다. 그리고 공주경찰서에서 즉결처분으로 1명이 태 60, 15명이 태형의 최고 형량인 태 90을 당했다.

여덟째, 일제의 행정적 탄압과 적극적인 회유책이 강구되었다. 도장관은 '경고'를 각처에 게시했고 군수는 행정명령으로 8개 시장을 폐쇄 조치했다. 또한 도장관, 경무부장, 경찰서장이 각각 2회에 걸쳐 직접 출장 나가 정안면과 의당면 마을에서 주민들을 회유 설득하기도 했다. 그리고 유력자를 회유하기 위한 방편으로 도장관 등 도내 핵심 식민 관리들이 참석한 간담회를 개최하기도 했다. 이와 같이 독립만세운동 이후 도장관과 경무기관장들이 직접 마을에 나가 주민들을 상대로 적극적 회유를 시도한 사례는 전국적으로 드문 사례이다.

아홉째, 독립만세운동 전개 과정과 이후에 친일적 양상도 나타났다. 목동 최상집의 집안과 마을 단속, 조윤용의 연설, 유일선의 강연, 김갑순 등의 친일 인사들이 주도한 모임 등을 통해 주민들이나 지역민을 설득하며 회유하기도 했다. 특히 정안주재소의 파괴된 곳을 수선 복구하기 위해 12명이 165원을 갹출한 사례도 있었다. 독립운동이 약화되면서 이들 친일 세력들이 활동하기 시작한 것이다.

공주시 독립유공자 기념비

공주 3 · 1독립운동 탄압 상황

신상(유구)

연번	성명(한자)	연령	주소	직업	죄명	형명(징역) 형량, 벌금			비고
						공주 지법	경성 복심	고등 법원	
1	황병주(黃秉周)	35	신상 추계리	농업	보안법	2년	기각	기각	유구
2	이정춘(李正春)	38	신상 유구리	농업	보안법 소요	2년			
3	김병헌(金秉憲)	40	신상 녹천리	농업	보안법 소요	2년	기각	기각	
4	현우석(玄宇錫)	39	신상 유구리	被雇人	보안법 소요	2년			
5	김상규(金相圭)	41	신상 유구리	농업	보안법 소요	2년			相敎
6	강태하(姜泰河)	38	신상 덕곡리	농업	보안법	6월			
7	정희준(鄭熙準)	25	신상 유구리	농업	보안법 소요	1년,30원			
8	박준빈(朴準斌)	52	신상 녹천리	면서기	보안법 소요	3년	기각	기각	
9	이필규(李弼珪)	31	신상 석남리	면서기	보안법	무죄	기각		
10	이우상(李雨相)	27	신상 신달리	농업	보안법 소요	6월,30원			
11	이홍규(李弘珪)	24	신상 녹천리	농업	보안법 소요	6월,30원			
12	조병옥(曺秉玉)	38	신하 만천리	농업	보안법	6월			
13	박병문(朴炳文)	34	신상 유구리	면서기	보안법 소요	무죄	기각		
14	이승현(李升鉉)	42	신상 신달리	농업	보안법 소요	3년	기각	기각	聖鉉
15	김지성(金知成)	66	신상 신영리	농업	보안법	6월			
16	안만원(安萬元)	19	신상 신달리	농업	보안법 소요	6월,30원			
17	권중륜(權重倫)	41	신상 녹천리	靴商	보안법	6월			
18	윤창선(尹昌善)	38	신상 석남리	농업	보안법	6월			
19	노상우(盧相羽)	37	신하 조평리	농업	보안법	6월			
20	김좌록(金左錄)	28	신하 백교리	농업	보안법	6월	기각	기각	
21	유석우(柳錫瑀)	46	신하 만천리	농업	보안법 소요	6월,30원			
22	유진태(俞鎭台)	40	신하 조평리	농업	보안법 소요	6월,30원			
23	황연성(黃璉性)	44	신하 백교리	농업	보안법 소요	3년	기각	기각	

공주

연번	성명(한자)	연령	주소	직업	죄명	형명(징역) 형량, 벌금			비고
						공주지법	경성복심	고등법원	
1	김희봉(金喜鳳)	23	신상 추계리	농업	보안법	10월	10월	기각	공주

연번	성명(한자)	연령	주소	직업	죄명	형명(징역) 형량	비고
						공주지법	
1	현석칠(玄錫七)	39	공주 대화정	목사	보안 출판법	무죄	공주
2	김사현(金士賢)	32	공주 대화정	무직	보안 출판법	무죄	
3	오익표(吳翼杓)	26	공주 옥룡리	학생	보안 출판법	무죄	청산학원
4	김관회(金寬會)	33	공주 상반정	교사	보안 출판법	1년,집유2년	영명학교
5	이규상(李圭尙)	26	주외 금학리	교사	보안 출판법	8월,집유2년	영명여학교
6	현언동(玄彦東)	24	주외 용당리	교사	보안 출판법	무죄	영명학교
7	안성호(安聖鎬)	28	정안 운궁리	학생	보안 출판법	무죄	聖浩
8	안창호(安昌鎬)	36	천안 천안 읍내리	목사	보안 출판법	무죄	청산학원
9	김수철(金洙喆)	25	공주 대화정	조수	보안 출판법	1년,집유2년	
10	유우석(柳愚錫)	20	공주 대화정	학생	보안 출판법	6월,집유2년	영명학교
11	노명우(盧明愚)	20	부여 규암 합송리	학생	보안 출판법	6월,집유2년	영명학교
12	강윤(姜沇)	21	논산 양촌 인천리	학생	보안 출판법	6월,집유2년	영명학교
13	윤봉균(尹鳳均)	20	주외 옥룡리	학생	보안 출판법	6월,집유2년	영명학교
14	양재순(梁載淳)	19	공주 상반정	학생	보안 출판법	6월,집유2년	영명학교
15	이규남(李圭南)	23	주외 금학리	농업	보안 출판법	4월,집유2년	영명학교
16	박루이사(朴婁以士)	19	주외 금학리	학생	보안 출판법	무죄	
17	이활란(李活蘭)	21	주외 옥룡리	무직	보안 출판법	무죄	이화학당
18	김현경(金賢敬)	22	공주 본정	교사	보안 출판법	4월,집유2년	
19	최종식(崔宗植)	24	연기 전의 소정리	학생	보안 출판법	면소(예심)	元明여학교

정안

연번	성명(한자)	연령	주소	직업	죄명	형명(징역) 형량, (벌금)			비고
						공주지법	경성복심	고등법원	
1	이기한(李綺漢)	52	정안 석송리	농업	보안법 소요		3년		기각
2	이동엽(李東葉)	30	정안 석송리	농업	보안법 소요		1년		
3	정재철(鄭在喆)	41	정안 석송리	농업	보안법 소요		10월		
4	문백룡(文白龍)	29	사곡 유룡리	농업	보안법 소요		10월		
5	장기현(張基鉉)	62	정안 석송리	농업	보안법 소요		징역8월 집유2년		
6	정화순(鄭化順)	49	충북 옥천 남 세산리	농업	보안법 소요		징역8월		
7	노규현(盧奎鉉)	62	정안 전평리	농업	보안법 소요		징역8월 집유2년		
8	김정쇠(金正釗)	23	사곡 유룡리	농업	보안법 소요		10월		丁釗
9	전정길(全鼎吉)	31	정안 전평리	농업	보안법 소요		8월		
10	지기찬(池己瓚)	44	정안 운궁리	농업	보안법 소요	1년2월	무죄		매일
11	최범성(崔範聲)	25	정안 운궁리	농업	보안법 소요	1년2월	구류25일		매일
12	김오룡(金五龍)	37	목동 이인리/정안 운궁리	농업	보안법 소요	1년2월	10월		매일
13	윤원식(尹元植)	36	정안 운궁리	농업	보안법 소요	1년2월	10월		매일
14	이돈석(李敦錫)	33	정안 운궁리	농업	보안법 소요	1년2월	구류10일		매일
15	이월성(李月星)	29	우성 동천리/정안 운궁리	농업	보안법 소요	1년2월	10월		매일
16	강억쇠(姜億釗)	37	정안 운궁리	농업	보안법 소요	1년2월	10월		매일
17	이명보(李明甫)	26	논산 연산 신도내리/정안 운궁리	농업	보안법 소요	1년2월	구류10일		매일
18	김삼룡(金三龍)	22	정안 운궁리	농업	보안법 소요	1년2월	무죄		매일
19	이선봉(李先奉)	25	우성 송산리/정안 운궁리	농업	보안법 소요	1년2월	8월		매일
20	황타관(黃他官)	24	정안 운궁리	농업	보안법 소요	1년2월	10월		매일
21	홍점산(洪点山)	22	정안 운궁리	농업	보안법 소요	1년2월	8월		매일

정안

| 연번 | 성명(한자) | 연령 | 주소 | 직업 | 죄명 | 형명(징역) 형량, (벌금) | | | 비고 |
						공주 지법	경성 복심	고등 법원	
22	유고도(兪古道)	19	정안 운궁리	농업	보안법 소요	1년2월	10월		매일
23	최태식(崔泰植)	19	정안 운궁리	농업	보안법 소요	1년2월	10월		매일
24	이완용(李完用)	20	정안 운궁리	농업	보안법 소요	1년2월	8월		매일
25	원강희(元江熙)	31	정안 운궁리	농업	보안법 소요	1년2월	8월		매일
26	이영한(李瑛漢)					태90	8월		매일
27	박승익(朴勝翊)					태90	구류 25일		매일
28	최병륜(崔炳輪)					태90			매일
29	남순길(南順吉)					태90			매일
30	이자설(李滋卨)					태90			매일
31	구영서(具泳書)					태90			매일
32	김순명(金順明)					태90			매일
33	박한용(朴漢用)					태90			매일

* 공주지방법원 판결문은 현전하지 않음
** 비고란의 '매일'은 ; 『매일신보』이며, '공주지법의 형량'은 『매일신보』(1919년10월6일자 3면7단, 「공주소요범공판」)에 근거한 형량이고 기사 중 이광봉(李光奉)은 이선봉(李先奉), 최태극(崔泰極)은 최태식(崔泰植)의 오기임.

〈형사사건부〉(국가기록원)

연번	성명	연령	주소	죄명	결정, 판결(주문)	판결일자	비고
1	오천환(吳天煥)	불상	계룡 기산리	보안법	과료5원 불납시 일간 유치	1919.5.16.	
2	이교영(李喬榮)	60	공주 금학리	출판법 보안법협박	범빙(犯憑)불충분으로 불기소	1919.5.14.	
3	김영철(金永哲)	18	공주 대화정	보안법	범빙(犯憑)불충분으로 불기소	1919.5.14.	
4	손대벽(孫大闢)	17	공주 대화정	보안법	범빙(犯憑)불충분으로 불기소	1919.5.14.	

〈형사사건부〉(국가기록원)

연번	성명	연령	주소	죄명	결정, 판결(주문)	판결일자	비고
5	현덕(玄德)	14	공주 대화정	보안법	범빙(犯憑)불충분으로 불기소	1919.5.14.	
6	김인회(金仁會)	26	공주 본정	출판법, 보안법, 협박	기소중지로 불기소	1919.5.14.	
7	문종철(文鍾鐵)	22	공주 본정	출판법, 보안법	범빙(犯憑)불충분으로 불기소	1919.5.14.	
8	박영선(朴永善)	37	공주 본정	출판법, 보안법	범빙(犯憑)불충분으로 불기소	1919.5.14.	
9	유성배(柳聖培)	37	공주 본정	출판법, 보안법	범빙(犯憑)불충분으로 불기소	1919.5.14.	
10	백병기(白炳基)	17	공주 상반정	보안법	범빙(犯憑)불충분으로 불기소	1919.5.14.	
11	임병선(林炳善)	17	공주 상반정	보안법	범빙(犯憑)불충분으로 불기소	1919.5.14.	
12	임병선(林炳善)	17	공주 상반정	보안법	범빙(犯憑)불충분으로 불기소	1919.5.14.	
13	이성국(李成國)	19	전남 장성북이 모현리	보안법	범빙(犯憑)불충분으로 불기소	1919.5.14.	
14	안효식(安孝植)	23	공주 대화정39	보안법	기소유예로 불기소	1919.10.23.	孝楨
15	김진억(金鎭億)	35	정안 운궁리	보안법 소요	증거불충분으로 불기소	1919.5.8.	
16	최현철(崔賢哲)	30	정안 운궁리	보안법 소요	증거불충분으로 불기소	1919.5.8.	
17	서의순(徐의淳)	40	정안 장원리	보안법 소요	증거불충분으로 불기소	1919.5.8.	
18	안명삼(安明三)	28	정안 전평리	보안법 소요	증거불충분으로 불기소	1919.5.8.	
19	이원묵(李元默)	27	정안 북계리	보안법 소요	증거불충분으로 불기소	1919.5.22.	
20	배언임(裵言任)	15	정안 운궁리	보안법 소요	증거불충분으로 불기소	1919.5.22.	
21	성억복(成億福)	15	정안 운궁리	보안법 소요	면소 방면	1919.5.22.	
22	조삼보(趙三步)	27	정안 광정리	보안법 소요	증거불충분으로 불기소	예심 1919.8.17	

〈형사사건부〉(국가기록원)

연번	성명	연령	주소	죄명	결정, 판결(주문)	판결일자	비고
23	안성호(安聖浩)	28	정안 운궁리	보안법 소요	면소 방면	1919.8.17.	
24	이병호(李秉浩)	30	정안 석송리	보안법 소요	면소 방면	1919.8.17.	
25	이희도(李熙道)	38	정안 운궁리	보안법 소요	면소 방면	1919.8.17.	
26	서순석(徐順石)	63	정안 석송리	보안법 소요	징역 6월 집행유예 2년	1919.9.29.	
27	구영서(具泳書)	22	정안 내촌리	보안법 소요	예심공판에 부침 1심 태90	예심 1919.8.17. 1심 1919.9.29.	
28	김순명(金順明)	42	정안 내촌리	보안법 소요	예심공판에 부침 1심 태90	예심 1919.8.17. 1심 1919.9.29.	
29	남순길(南順吉)	33	정안 운궁리	보안법 소요	예심공판에 부침 1심 태90	예심 1919.8.17. 1심 1919.9.29.	
30	박남용(朴湳用)	42	정안 운궁리	보안법 소요	예심공판에 부침 1심 태90	예심 1919.8.17. 1심 1919.9.29.	漢用
31	박승익(朴勝翊)	23	정안 운궁리	보안법 소요	예심공판에 부침 1심 태90	예심 1919.8.17. 1심 1919.9.29.	
32	이영순(李暎淳)	42	정안 운궁리	보안법 소요	예심공판에 부침 1심 태90	예심 1919.8.17. 1심 1919.8.18.	瑛漢
33	이자설(李滋卨)	18	정안 운궁리	보안법 소요	예심공판에 부침 1심 태90	예심 1919.8.17. 1심 1919.9.29.	
34	최병한(崔炳澣)	20	정안 운궁리	보안법 소요	예심공판에 부침 1심태90	예심 1919.8.17. 1심 1919.9.29.	炳輪

* 판결청은 대전지방법원 검사국 공주지청으로 생략함

〈범죄인명부〉(정안면, 의당면)

연번	성명	연령	주소	죄명	형명 형기(징역)	판결일자	판결청	비고
1	임헌무(林憲武)	41	정안 내문리	보안법	태60	1919.4.2.	공주경찰서	
2	박만복(朴萬福)	30	의당 송정리	보안법	태90	1919.4.20.	공주경찰서	
3	박영래(朴永來)	37	의당 청룡리	보안법	태90	1919.4.25.	공주경찰서	
4	이건우(李建雨)	40	의당 청룡리	보안법	태90	1919.4.25.	공주경찰서	
5	이상욱(李象旭)	47	의당 청룡리	보안법	태90	1919.4.25.	공주경찰서	
6	강태륜(姜泰崙)	32	의당 중흥리	보안법	태90	1919.4.26.	공주경찰서	
7	강혁주(姜赫周)	31	의당 도신리	보안법	태90	1919.4.26.	공주경찰서	
8	김동식(金東植)	29	의당 덕학리	보안법	태90	1919.4.26.	공주경찰서	
9	김백룡(金白龍)	25	의당 중흥리	보안법	태90	1919.4.26.	공주경찰서	
10	김영휘(金永暉)	46	의당 덕학리	보안법	태90	1919.4.26.	공주경찰서	
11	노사문(盧士文)	43	의당 중흥리	보안법	태90	1919.4.26.	공주경찰서	
12	박윤근(朴潤根)	29	의당 중흥리	보안법	태90	1919.4.26.	공주경찰서	
13	신필범(愼弼範)	27	의당 태산리	보안법	태90	1919.4.26.	공주경찰서	
14	이철하(李喆夏)	32	의당 태산리	보안법	태90	1919.4.26.	공주경찰서	
15	장연룡(張淵龍) (張燕龍)	25	의당 덕학리	보안법	태90	1919.4.26.	공주경찰서	
16	조재형(趙在衡)	27	의당 수촌리	보안법	태90	1919.4.26.	공주경찰서	

〈범죄인명부〉(정안면, 의당면)

연번	성명	연령	주소	죄명	형명 형기(징역)	판결일자	판결청	비고
17	권중륜(權重倫)	41	신하 녹천리/ 의당 송정리/ 목동 초봉리	보안법	징역6월	1919.6.16.	공주지방법원	

* 정안면범죄인명부에 21명이 기재되어 있으나 판결문, 형사사건부, 『매일신보』에 기재된 인사 20명를 제외한 1명만 기재함.
  임헌무의 판결일과 확정일이 4월 2일이나 오기로 판단되며 4월 20일에 박만복(의당 송정리)이 공주경찰서에서 태형 처분이 있었던 것으로 보아 4월 20일로 추측됨.
** 연령은 일본식 연호와 월일이 기재되어 있으나 서기로 연령만 표기함.
*** 직업은 전부 농업으로 생략함.
**** 판결일, 확정일은 동일함.
***** 17번의 권중륜은 유구독립만세운동에 참가해 실형을 선고받음.

공주의
3 · 1독립운동_주

1) 공주군청,『공주군지』, 1988 ; 공주문화원 향토문화연구소,『공주의 맥』, 1992 ;
    공주향토문화연구소,『웅진문화』2·3합집, 1990 ; 독립운동사편찬위원회,
    『독립운동사』(3권)-3·1운동(하), 1971 ; 한국독립운동사편찬위원회·독립기념관
    한국독립운동사연구소,『한국독립운동의 역사』(20)-국내3·1운동Ⅱ, 2009 ;
    충청남도지편찬위원회,『충청남도지』(9권), 2009. 공주영명중·고등학교,
    『영명100년사』, 2007.

2) 공주영명중·고등학교,『영명100년사』, 2007.

3) 김진호,「공주지역의 3·1운동」,『공주의 역사와 문화』, 공주대학교박물관·
    충청남도 공주시, 1995.

4) 이보다 앞서 1월 17, 8일경(음력) 서산 해미 읍내리 예수회교회당에 와서 홍성
    출신 감리교 목사 김병제를 만난 적이 있었다.

5) 국사편찬위원회,「김세환신문조서」,『한민족독립운동사자료집』(12:삼일운동Ⅱ),
    1990, 120:355쪽.

6) 「판결문」(김세환-대정8년특예제15호, 고등법원, 1920.03.22. ;
    대정9년지공형제338·339호, 경성지방법원, 1920.09.09. ; 대정9년형공제 522·
    523호, 경성복심법원, 1920.10.30. : 인종익-예심종결결정, 경성지방법원,
    1919.08.30. ; 대정8년형제000호, 경성지방법원, 1919.11.06. ; 대전8년형공제
    1006호, 경성복심법원, 1920.02.27. ; 대정9년형상제32호, 고등법원, 1920.04.08.).

7) 「판결문」(이형우-(판결, 광주지방법원 군산지청, 1919.04.23.;) 대정8년형공제
    367호, 대구복심법원, 1919.05.10.;대정8년형상제172호, 고등법원, 1919.06.12.).

8) 「판결문」(김태호 등 14명-대정8년공제95호, 공주지방법원, 1919.04.04.).

9) 「대정8년 소요사건에 관한 도장관보고철 7책의 내2」, 충남비제98호,
    선인불온행동에 관한 건, 1919.3.7. (이하에서「대정8년 소요사건에 관한
    도장관보고철 7책의 내2」를 '도장관보고철'로 표기함).

10) 「판결문」 (박장래-대정8년공제119호, 공주지방법원, 1919.4.11. ; 대정8년형공제
    231호, 경성복심법원, 1919.5.5. ; 대정8년형상제138호, 고등법원, 1919.5.31.).

11) 『동경조일신문』 1919년 3월 10일자 ; 김진호, 『충남지방 3·1운동 연구』

12) 「대정8년내지동10년 조선소요사건관계서류 공7책기1」, 밀제102호기56/제76호,
    전보 충남 등지의 시위상황, 1919.3.13. : 밀수제102호/육(군)밀제86호, 조선의
    독립운동에 관한 건(차관이 시종무관장에 통첩), 1919.3.21. ;
    「대정8년내지동10년 조선소요사건관계서류 공7책기7」, 고제6922호,
    독립운동에 관한 건(제14보), 1919.3.13. ; 「불령단관계잡건 조선인 부재내지3」,
    비수02960호, 전보 12일···, 1919.3.15.(이하에서 「대정8년내지동10년 조선소요
    사건관계서류 공7책기1」은 '기1', 「대정8년내지동10년 조선소요사건관계서류
    공7책기7」은 '기7', 「불령단관계잡건 조선인 부재내지3」은 '일본외무성기록'으로
    표기함). 공주가 1, 6일장인 것으로 볼 때 3월 12일은 장날이 아니라, 장날을
    이용한 독립운동 계획을 일제가 탐지해 3월 12일 주모자를 검거하고 만세운동을
    사전에 방지한 것으로 해석하는 것이 타당할 것으로 보인다.
    또한 일본외무성기록(3.21.)의 '3월 12일과 13일에 공주 및 그 부근에서
    경찰서를 습격하다. 천도교도들 중심. 공주의 보병하사 이하 6명의 병력 출동,
    미리 주모자를 검거해 방지하고 해산케 했다'는 내용은 3월 14일 유구 독립만세
    운동으로 일자의 착오로 보인다.

13) 「판결문」 (김희봉-대정8년공제100호, 공주지방법원, 1919.4.9. ; 대정8년형공제
    213호, 경성복심법원, 1919.5.2. ; 대정8년형상제132호, 고등법원, 1919.5.31.).

14) 「판결문」 (현석칠 등 19명-예심결정서, 공주지방법원, 1919.07.28. ; 현석칠 등 18명
    - 대정8년공제258 259호, 공주지방법원, 1919.08.29.).

15) 이규남은 김수철의 의뢰를 승낙하고 제작에 필요한 재료를 받아 자택에서
    태극기 4기를 제작해 3기를 김수철에게, 1기를 이규상에게 전달했다.

16) 신성우가 등사판을 돌리고 윤봉균 등이 옆에서 도왔으며 유우석은 인쇄된
독립선언서를 반으로 접어 정리했다.

17) 김현경은 자택에 김양옥 등 5, 6명의 여학생과 함께 있다가 이활란이 와서
거듭 권유가 있어 함께 시장으로 가서 독립운동에 참가했다.

18) 도장관보고철(7책 내4), 조선총독부 내비보397, 전보 대전공주만세시위,
1919.4.1. : 조선총독부 내비보367/충남비제253호, 지방소요에 관한 건, 1919.4.2.
; 기7, 고제9808호, 독립운동에 관한 건(제35보), 1919.4.2. ; 기1,
밀제102호기176호 / 조특제78호 / 제8호, 전보 전국각지의 4월 1일 시위 상황,
1919.4.2. ; 기7, 소요사건보고감시보 제12호, 소요사건경과개람표
(1919.3.1.~1919.4.30.), 1919.5.10. (이하에서 '소요사건경과개람표'로 표기함).

19) 『매일신보』 1919년4월9일자 3면5~6단, 「충청남도-공쥬-일일소요의 상보」.

20) 「판결문」 (황병주 등 23명-대정8년공제196호, 공주지방법원, 1919.06.16. ;
황병주 등 6명 - 대정8년형공제690호, 경성복심법원, 1919.07.28. ;
대정8년형상제876호, 고등법원, 1919.10.16.).

21) 참가 군중에 대하여 300명(기7, 고제7266호 : 조참밀제288호 ; 소요사건경과
개람표), 400명(조선소요사건일람표), 500명(판결문-황병주 등 23명)이 있다.

22) 기7, 고제7266호, 독립운동에 관한 건(제16보), 1919.3.15. : 조 참밀제288호,
소요사건에 관한 속보(제26호), 1919.3.15. : 소요사건경과개람표 ; 기1,
밀제102호 기67 / 조독제36호 / 제1호, 전보 함경도와 충남지역의 시위운동 및
파병 상황, 1919.3.15. : 밀제102호기71 / 제14호, 전보 전국각지의 3월 13일부터
15일까지 시위운동상황, 1919.3.15. : 조특경제107호, 조선소요사건일람표에 관한
건, 1919.10.2.(이하에서 '조선소요사건일람표'로 표기함) ; 일본외무성기록, (16),
전보 십삼일…, 1919.3.16. : 전보 전전 / 외13일…, 1919.3.16. ; 『매일신보』 1919년
3월 17일자 3면1단, 「충청남도-공쥬-쥬재소를 습격」.

23) 「판결문」 (이기한 등 25명-(판결, 공주지방법원, 1919.09.29.) ;
대정8년형공제924·925호, 경성복심법원, 1919.11.17. ; 이기한-대정8년형상
제1025호, 고등법원, 1919.12.13.).

24) 이기한의 손자와 석송리 자택에서 면담할 때 '조부께서 4월 1일 오전에 공주
    읍내를 다녀왔다. 그리고 서둘러 만세를 외쳤다'는 말을 들은 바가 있다.
    이를 근거하면, 이기한 4월 1일 공주 시내를 갔다가 공주에서 독립만세를
    외칠 것이라는 인지하고 석송리로 돌아와 주민들과 독립만세를 외친 것이 된다.

25) 참가 군중에 대하여 300명(도장관보고철, 조선총독부내비보367 / 충남비제253호
    ; 기7, 고제9808호, 독립운동에 관한 건(제35보), 1919.4.2. : 조특보제9호,
    소요사건에 관한 상황(1919.3.26.~1919.4.5.), 1919.4.7.(광정리)), 500명(『매일신보』
    1919년4월5일자 3면6단, 「충청남도-공쥬-광뎡장에서도」), 600명(기7, 조특보제
    9호, 소요사건에 관한 상황(1919.3.26.~1919.4.5.), 1919.4.7.(광정리) ;
    소요사건경과일람표), 90명(석송리)와 800명(광정리)(조선소요사건일람표)이
    있다. '(지명)'은 '필자 주'이다.

26) 기7, 고제9808호, 독립운동에 관한 건(제35보), 1919.4.2. : 조특보제9호,
    소요사건에 관한 상황(1919.3.26.~1919.4.5.), 1919.4.7. ; 소요사건경과개람표.
    출동 군경은 '순사 키하라신지로(木原新次郞), 요코야마이츠지(橫山逸二),
    순사보 이근남(李根南), 헌병 군조 나카고우키미요시(中壓美吉) 이하 병졸
    5명'이라고도 한다(이기한 등 25명 판결문).

27) 군경들이 석송리에 도착할 즈음에 자전거를 태워 달라고 이동안이 서광순에게
    요구함으로 시비를 일어났다. 군경들은 서광순을 주도 인사로 지목하고
    체포하려 했다. 즉 이 시비는 군경들의 광정리 행을 방해하는 결과를 초래했다.

28) 도장관보고철, 조선총독부내비보367 / 충남비제253호, 지방소요에 관한 건,
    1919.4.2.. ; 기1, 밀제102호기176 / 조특제78호/제8호, 전보 전국각지의 4월 1일
    시위 상황, 1919.4.2. : 밀제102호기177호 / 조특제79호/제10호, 전보 전국각지의
    4월 1일 시위 상황, 1919.4.2. ; 기7, 고제9808호, 독립운동에 관한 건(제35보),
    1919.4.2. : 조특보제9호, 소요사건에 관한 상황(1919.3.26.~1919.4.5.), 1919.4.7. ;
    일본외무성기록, 전보…, 1919.4.4. ; 소요사건경과개람표 ; 조선소요사건
    일람표 ; 『매일신보』 1919년4월5일자 3면6단, 「충청남도-공쥬-광뎡장에서도」

29) 일본외무성기록, 비수04135호, 조선에 있어 독립운동에 관해 4월 1일 이후…;

1919.4.9. ; 기1, 밀수제102호 / 육(군)밀제119호, 조선의 독립운동에 관한 건
(차관이 시종무관장에 통첩), 1919.4.10. 위 자료의 '공주군 내 1곳'은 '보병80연대
장교이하 16명이 진정에 종사'한 것으로 보아 '광정리'로 보인다(기1, 밀제102호
기458 / 조부제941호 / 군사밀제60호 / 군보제28호, 조선소요사건의 사상수건
보고(군대가 진압에 종사한 사건의 사상수표), 1919.9.29.).

또한 4월 3일까지 독립운동 기록(독립운동사편찬위원회, 110쪽)이 있으나
『매일신보』에는 장기 등 8개 면의 횃불독립만세운동에 '정안'이 없다(1919년4월
9일자, 「충청남도-공쥬-각면의 소요」). 그리고 조선소요사건일람표에 '대산리에서
주민 500명이 집합해 독립만세를 외쳤다'고 한다. 정안면 대산리는 광정리에서
북서쪽(천안 광덕면 방향)으로 2.5km 정도 떨어진 곳에 위치한다. 광정리에서
산골짜기로 들어간 오지에 약 500명이 집합했을 것으로 보기는 어렵다.

반면에 의당면에서는 4월 1일부터 계속해 독립운동이 있었다. 의당 태산리는
중흥리, 도신리, 덕학리와 연결되어 있고 주민들이 4월 26일 공주경찰서에서
태90의 처분을 각각 4명, 1명, 3명이 당했고 태산리 주민도 2명이 태90을 당했다.
따라서 필자는 정안면 대산리가 아니라 의당면 태산리(台山里)로 보는 것이
타당하다고 본다.

30) 『매일신보』 1919년4월6일자 3면4~5단, 「충청남도-공쥬-각 면에셔 소요」.

31) 『매일신보』 1919년4월6일자 3면4~5단, 「충청남도-공쥬-각 면에셔 소요」.

32) 조선소요사건일람표 ; 『매일신보』 1919년4월6일자 3면4~5단,
     「충청남도-공쥬-각 면에셔 소요」.

33) 조선소요사건일람표.

34) 소요사건경과개람표 ; 일본외무성기록, 비수04111호, 독립운동에 관한 건
     (제38보) ; 조선소요사건일람표. 참가 인원에 대하여 1,000명
     (소요사건경과개람표, 일본외무성자료), 1,500명(소요사건일람표)이 있다.

35~37) 조선소요사건일람표.

38) 기1, 밀제102호기29/조특제18호/제98호, 1919.3.7. ; 조특제18호, 1919.3.7. 이후
     3월 7일 평남 평원군 영유면 어파 터널에서, 3월 13~15일 함북 길주군 덕산면

일대에서 불을 피우고 독립만세를 외쳤다.

39) 「판결문」(조동식-대정8년형제271호, 공주지방법원 청주지청, 1919.04.19. ;
    대정8년형공제261호, 경성복심법원, 1919.05.17. ; 대정8년형상 제190호, 고등법원,
    1919.06.12.

40) 김진호, 「충남지방의 횃불독립만세운동」, 『3·1운동의 역사적 의의와 지역적 전개』,
    한국사연구회편, 2019, 318쪽.

41) 기7, 고제9833호, 독립운동에 관한 건(제37보), 1919.4.4. : 조특보제9호,
    소요사건에 관한 상황(1919.3.26.~1919.4.5.), 1919.4.7. : 소요사건경과개람표 ;
    기1, 밀제102호기154/제101호, 1919.4.5. ; 일본외무성기록, 전보 일일…, 1919.4.5.

42) 『매일신보』 1919년4월9일자 3면6단, 「충청남도-공주(공쥬)-각면의 소요」.
    4월 9일자 보도에 '본월 이일 이후로 금일까지…'로 기사는 4월 8일에
    작성되었으므로 횃불독립만세운동 일시는 4월 2일부터 4월 7일까지로 보인다.

43) 기1, 밀제102호기179/조특제81호/제3호. 전보 전국각지의 4월 2일 시위 상황,
    1919.4.3. : 밀수제102호/육(군)밀제119호. 조선의 독립운동에 관한 건(차관이
    시종무관장에 통첩), 1919.4.10. ; 기7, 고제9833호, 독립운동에 관한 건(제37보),
    1919.4.4. ; 일본외무성기록, 비수04135호, 조선에 있어 독립운동에 관해
    4월 1일 이후…, 1919.4.9. ; 소요사건경과개람표.

44) 일본외무성기록, 독립운동에 관한 건(제38보.) ; 일본외무성기록, 비수03980호,
    전보 전전 외2일…, 1919.4.5. ; 일본외무성기록, (47), 전보 일일…, 1919.4.5. ; 기1,
    밀제102호기159 / 제12호, 전보 전국각지의 시위 상황, 1919.4.6. : 밀수제102호 /
    육(군)밀제119호. 조선의 독립운동에 관한 건(차관이 시종무관장에 통첩),
    1919.4.10. ; 기7, 조특보제9호, 소요사건에 관한 상황(1919.3.26.~1919.4.5.),
    1919.4.7. : 소요사건경과개람표.

45) 일본외무성기록, 독립운동에 관한 건(제38보).

46) 『매일신보』 1919년4월29일자 3면7단, 「兩교장의 고심-생도의 소요를 제지-코자
    백방으로 고심」. 남천은 탄천으로 보인다.

47) 국회도서관, 『한국민족운동사료』(삼·일운동편기일), 1977, 147~8쪽.

48) 국회도서관, 24쪽. 이후 80연대는 대구에 2개 중대, 대전에 1개 중대를 남겨놓고
다른 병력들을 80연대 관할 구역(경상도, 전라도, 충청도 일부)에 3월 26일부터
3월 30일까지 사이에 분산 배치하기로 했다. 이에 충남에는 공주 또는 홍성,
온양에 1중대를 파견하기로 했다(국회도서관, 72쪽).32) 조선소요사건일람표 ;
『매일신보』 1919년4월6일자 3면4~5단, 「충청남도-공쥬-각 면에서 소요.

49) 『매일신보』 1919년3월17일자 3면1단, 「충청남도-공쥬-쥬재소를 습격」.

50) 『매일신보』 1919년3월17일자 3면3단, 「경비군대배치」.

51) 국회도서관, 311쪽. 일본의 소창(소창)과 구로말(구로말)에서 출동한 하사 각 1명과
상등병 각 5명, 합계 12명이 공주에 배치됐다.

52) 국회도서관, 275~296쪽 참조.

53) 『매일신보』 1919년5월21일자 2면4단, 「전도경관증원-각도배치결정」.

54) 『매일신보』 1919년4월5일자 2면6~7단, 「충남도청 경고-관내인민의게」. 이 경고는
『매일신보』 199년4월13일자에 다시 보도됐다(4면3단, 「공주-충청남도 경고」).

55) 조선소요사건일람표 ; 『매일신보』 1919년3월17일자 3면1단, 「충청남도-공쥬-
쥬재소를 습격」.

56) 도장관보고철, 조선총독부내비보397, 전보 대전공주만세, 1919.4.1.

57) 『매일신보』 1919년4월5일자 3면6단, 「충청남도-공쥬-공쥬도 철시」.

58) 도장관보고철, 조선총독부내비보367, 지방소요에 관한 건, 1919.4.2.

59) 『매일신보』 1919년4월9일자 3면5~6단, 「충청남도-공쥬-일일소요의 상보」.

60) 『매일신보』 1919년5월25일자 3면4단, 「공주의 선동자-일망 타진되겟다」.

61) 『매일신보』 1919년4월5일자 3면6단, 「충청남도-공주(공쥬)-광뎡장에셔도」.

62) 도장관보고철, 조선총독부내비보367/충남비제253호, 지방소요에 관한 건,
1919.4.2. 사상자에 대하여 부상 8명(기1, 밀제102호기177호 / 조특제79호 / 제10호,
전보 전국각지의 4월 1일 시위 상황, 1919.4.2. ; 소요사건경과개람표), 3명(기7,
조특보제9호, 소요사건에 관한 상황(1919.3.26.~1919.4.5.), 1919.4.7.(석송리-필자 주),
사망 1명과 부상 9명(기7, 조특보제9호, 소요사건에 관한 상황(1919.3.26.
~1919.4.5.), 1919.4.7.(광정리-필자 주), 부상7명(석송리)와 사망 1명과 부상 6명

(광정리)(조선소요사건일람표)이 있다.

63) 조선소요사건일람표.

64) 기1, 밀제102호기458/조부제941호/군사밀제60호/군보제28호, 조선소요사건의 사상 수 건 보고(군대가 진압에 종사한 사건의 사상수표), 1919.9.29.

65) 일본외무성기록, 비수04135호, 조선에 있어 독립운동에 관해 4월 1일 이후…; 1919.4.9. ; 기1, 밀수제102호/육(군)밀제119호, 조선의 독립운동에 관한 건(차관이 시종무관장에 통첩), 1919.4.10. 다른 기록에는 보병 장교 이하 16명이 경무관헌과 협력해 진압하여 '3명이 사망하고, 여자 1명이 부상을 당했다'고 한다(기1, 밀제 102호기458 / 조부제941호 / 군사밀제60호 / 군보제28호, 조선소요사건의 사상수건 보고(군대가 진압에 종사한 사건의 사상수표), 1919.9.29.).

또한 3일 동안 중상을 당한 자가 6명이라는 보도도 있다(『매일신보』 1919년4월 6일자 3면4~5단, 「충청남도-공쥬-각 면에서 소요」).

66) 『매일신보』 1919년4월9일자 3면6단, 「충청남도-공쥬-각면의 소요」.

67) 『매일신보』 1919년4월24일자 3면3~4단, 「망동을 후회- 충남 공쥬군 정안면의 배성들이」.

68) 『매일신보』 1919년4월5일자 3면6단, 「충청남도-공쥬-광뎡장에셔도」.

69) 기7, 고제9833호, 독립운동에 관한 건(제37보), 1919.4.4. : 조특보제9호, 소요사건에 관한 상황(1919.3.26.~1919.4.5.), 1919.4.7. : 소요사건경과개람표 ; 기1, 밀제102호기 154 / 제101호, 1919.4.5. ; 일본외무성기록, 전보 일일…; 1919.4.5.

70) 조선소요사건일람표.

71) 일본외무성기록, 비수04111호, 독립운동에 관한 건(제38보).

72)~73) 조선소요사건일람표.

74) 사망 1명은 정안 석송리 인사(이상림)이고, 부상 15~6명은 공주 2명(유우석, 김현경)과 정안 13~4명이고, 체포 120여 명은 유구 32명, 공주 7명(김희봉 포함), 정안 27명, 장기 15~38명(4.1, 4.3.), 우성 34명, 주외 4명 등의 합계 119~142명이다. 다른 기록에는 사망 1명, 부상 13명, 체포 86명이 있다(조선소요사건일람표).

75) 「판결문」 (대정8년공제100호, 공주지방법원, 1919.4.9. ; 대정8년형공제213호, 경성

185

복심법원, 1919.5.2. ; 대정8년형상제132호, 고등법원, 1919.5.31.)

76)   「판결문」(예심종결결정, 공주지방법원, 1919.7.28. ; 대정8년공제258 259호,
      공주지방법원, 1919.8.29.) 공주지방법원에서 보안법 위반 및 출판법 위반 혐의로
      예심 결과 최종식은 면소 방면을 결정했다.

77)   도장관보고철, 조선총독부내비보367, 지방소요에 관한 건, 1919.4.2.

78)   「판결문」(대정8년공제196호, 공주지방법원, 1919.6.16. ; 대정8년형공제690호,
      경성복심법원, 1919.7.28. ; 대정8년형상제876호, 고등법원, 1919.10.16.).

79)   「판결문」(대정8년형공제924 925호, 경성복심법원, 1919.11.17. ; 대정8년형상
      제1025호, 고등법원, 1919.12.13.).

80)   『매일신보』 1919년10월6일자 3면7단, 「공주소요범공판」.

81)   유구의 황병주 등 23명, 공주의 19명(김희봉과 현석칠 등 18명), 정안의 33명을
      합한 75명이다. 공주지방법원 예심에서 4월 1일 공주독립만세운동에 참가해
      면소 방면된 최종식을 포함하면 76명이 된다.

82)   범빙 불충분으로 불기소된 인사 10명 가운데 주소가 전남 장성군 북이면
      모현리의 이성국(李成國, 19세)이 있다. 그는 이교영 등 9명과 대전지검공주지청에서
      5월 14일에 불기소 처분을 받았다. 즉 이들은 4월 1일 공주독립만세운동으로
      체포 구금되어 검사국에 송치된 것으로 보인다.

83)   이들은 주소가 정안면으로 장원리 1명, 운궁리 6명, 북계리 1명, 석송리 1명으로
      4월 1일·2일 정안독립만세운동으로 체포 구금되어 검사국에 송치된 것으로 보인다.

84)   오천환(보안법 위반, 과료 5원, 1919.5.16.), 안효식(보안법 위반, 기소유예로 불기소,
      1919.10.23.)도 공주독립만세운동과 관련한 처분으로 추론하면 전체 인원은
      117명이 된다.

85)   『매일신보』 1919년4월5일자 3면6단, 「충청남도-공쥬-공쥬도 철시」.

86)   『매일신보』 1919년4월9일자 3면6단, 「충청남도-공쥬-각면의 소요」.

87)   『매일신보』 1919년4월13일자 4면3단, 「공주-전시개시」.

88)   4월 초 도내 40개소에 시장이 정지되었다. 해제는 '금후로는 결코 소요를
      일으키지 않겠다'고 연명 서약서를 제출하면 군수와 경찰서장이 서약의 확실성

여부를 확인하여 도장관에게 보고로 시행되었다(김진호, 「아산지역 3·1운동의
전개와 일제의 탄압」, 『한국근현대사연구』제75집, 한국근현대사학회, 2015, 131쪽).

89) 『매일신보』 1919년4월24일자 3면3~4단, 「망동을 후회- 충남 공쥬군 정안면의
백성들이」.

90) 도장관보고철, 조선총독부내비보954/충남소비제228호, 1919.5.13.

91) 『매일신보』 1919년5월17일자 4면1단, 「공주-경찰서장효유」.

92) 『매일신보』 1919년4월29일자 2면6단, 「공주관민간담회」.

93) 『매일신보』 1919년6월12일자 4면3단, 「공주-친목회」.

94) 도장관보고철, 조선총독부내비보954/충남소비제228호, 1919.5.13.

95) 『매일신보』 1919년4월30일자 4면3단, 「공주-설유안도」.

96) 『매일신보』 1919년5월18일자 4면1단, 「공주-친목회원연설」.

97) 『매일신보』 1919년5월18일자 4면1단, 「공주-기독교원강연」.

98) 『매일신보』 1919년5월26일자 3면3단, 「면목이 업다고-할복한 순사-자긔 딸이
소요에-참가한 까닥으로」.

99) 국사편찬위원회, 『대한민국임시정부자료집』7-한일관계사료집, 사료집 제4 독립
운동의 사건(제5장 한인의 일인의게 대한 적개심 7. 학생계의 적개심), 2005
(국사편찬위원회 한국사데이터베이스 ; 『신한민보』 1919년6월26일자 3면3단,
「귀한 딸의 포착됨을 보고 날카로운 칼로 할복자살」.

100) 이 인원은 3월 17일 김원봉의 독립만세 때 공주시장의 군중, 4월 2~7일의 8개
면의 횃불독립만세운동 참가 면민들 중에 4월 2일 우성 200명과 4월 3일
탄천 1,500명 이외의 면민, 4월 1~2일 의당면의 독립만세에 참가한 면민 일부
등은 포함하지 않은 인원이다.

101) 면서기는 3명으로 박준빈, 이필규, 박병문이다. 이필규와 박병문은 공주지방
법원에서 무죄를 선고받고 검사의 공소 제기로 경성복심법원에 회부되었으나
공소 기각으로 무죄로 형이 확정되었다.

102) 김진호, 「충남지방의 횃불독립만세운동」, 306~307쪽.

박 성 섭

독립기념관 한국독립운동사연구소 연구원

────────

충남대학교 국사학과를 졸업하고 같은 대학에서 대학원 박사과정을 수료하였으며,
현재 독립기념관 한국독립운동사연구소에 재직중이다.
일제강점기 농민운동에 관심을 갖고 연구를 진행하고 있으며,
주요 연구로는 「일제강점기 임천수리조합 설립과 토지소유권 변동」,
「1930년대 중반 이후 수리조합 정책의 전개와 성격 변화」,
「1920~30년대 공주지역의 농민운동」 등이 있다.

공주의
1920~30년대
국내 독립운동

목차

일제강점기 공산성 공북루와 배다리

일제강점기 금강과 공산성 전경

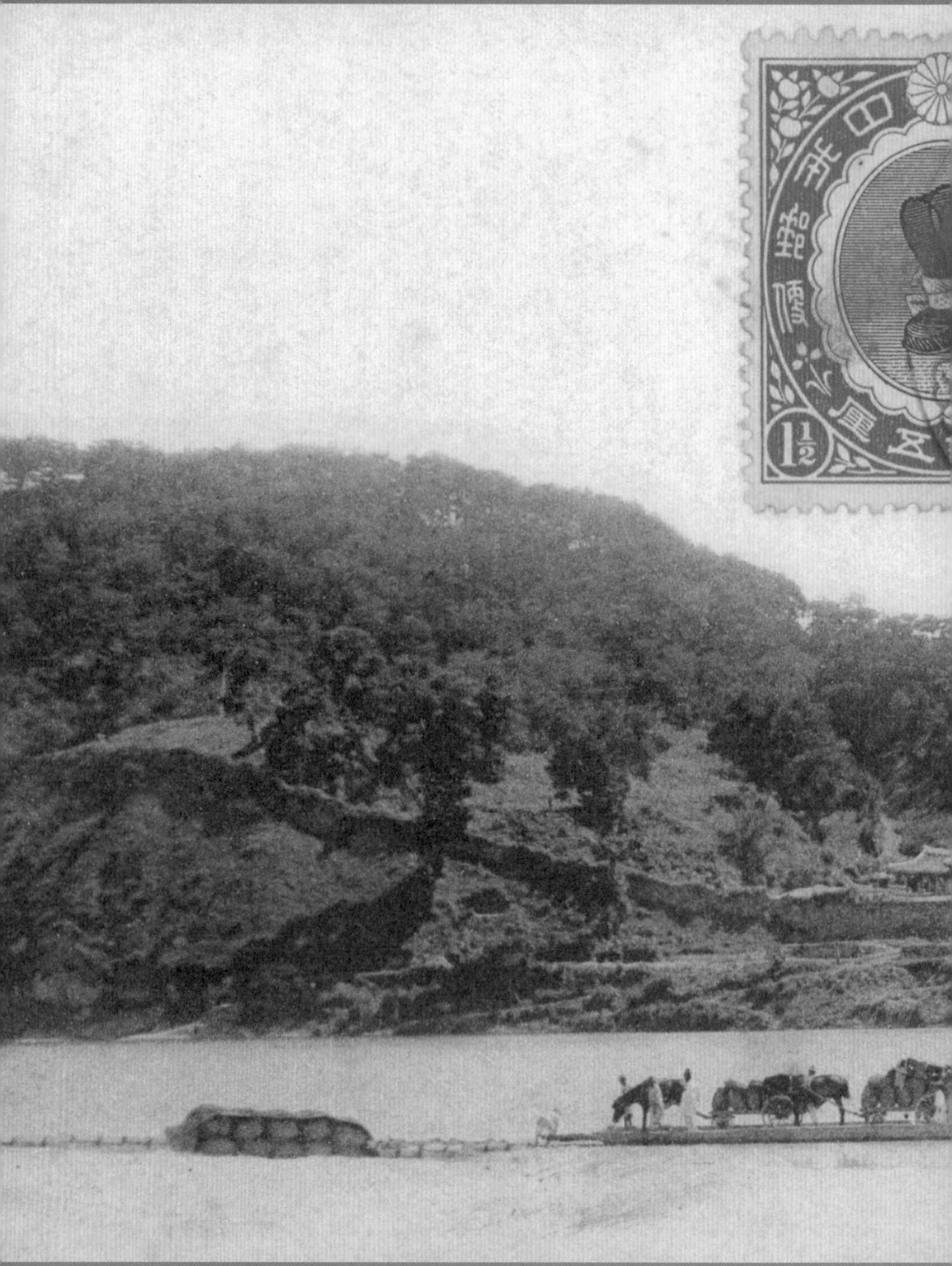

지금의 공산성 전경

1920년대 공주의 농민운동은 농민단체를 조직하는 모습으로 나타났다. 농민을 중심으로 한 '노농회'가 창립되었고, '노동협성회'로 변경하여 활발한 활동을 전개했는데, 특히 교육활동이 두드러졌다. 1920년대 중후반 노동협성회와 같은 농민단체 결성 경험은 1930년대 초 공주 지역 농민들이 소작인동맹을 결성하여 소작쟁의로 이어지는 토대가 되었다. 공주 지역 최초의 소작쟁의는 1921년 5월에 발생했고, 1930년대 초반 주외면·계룡면·우성면·의당면에서 폭발적으로 일어났다. 이 지역들을 보면 노동협성회 지부가 설립된 곳이다. 또한 사회주의 사상으로 무장한 지역 청년들이 소작쟁의에 깊숙이 개입하였다. 1922년, 공주 지역에 조선노동공제회 지회가 설립되었다. 공주노동공제회는 농민·노동자를 대상으로 한 강연회와 구제사업 등을 전개했다. 또한 지역 사회단체들과 함께 민족문제에 관심을 갖고 활동했다. 공주 지역에서는 대규모 노동쟁의는 없었고, 동맹파업은 산발적으로 이루어졌으며, 노동조합이 조직되지 않았고 규모 면에서도 크지 않았다. 또한, 노동자들의 요구도 받아들여지지 못했다. 그러나 노동자들의 동맹파업은 계급투쟁을 넘어서서 일제의 민족적 차별에 저항하는 항일운동의 성격을 지닌다.

공주 지역의 청년운동 단체는 1918년경 조직되었다. 공주청년회와 공주청년구락부가 있었는데, 두 단체는 1919년 7월경 공주청년수양회로 통합했다. 공주청년수양회는 노동 야학을 실시했고 연극공연과 체육활동도 함께 전개했다. 1920년대 사회주의 세력이 형성되면서 청년운동에 변화가 일어났다. 1925년 11월 공주청년회로 명칭을 바꾸고 회장제에서 위원제로 변경했다. 공주청년회는 1927년 5월에 들어와 사회주의 세력이 주도권을 장악했다. 공주청년회는 1927년 6월 신간회 공주지회의 설치를 적극적으로 도왔다. 하지만, 공주청년회 활동은 일제의 탄압으로 급속하게 위축되었다. 그리고 1932년 3월 안병두 등의 적색비밀결사사건을 계기로 공주청년회는 거의 해체 상태에 이르렀다. 한편 공주청년회 '형제단체'로 공주소년동맹이 1928년 3월 26일 창립되기도 하였다. 공주 지역 학생운동은 공주고등보통학교 동맹휴학이 대표적이다. 공주고등보통학교 학생운동은 1927년과 1929년 두 차례 사건이 있다. 공주 지역에 사회주의 계열의 청년들이 비밀결사를 조직하였는데 공주소년동맹 위원장 안병두를 중심으로 하는 적색비밀결사가 바로 그것이다. 이들은 반제격문사건으로 활동이 드러나게 되어 20여 명이 일본 경찰에 체포되었다. 적색비밀결사 조직 외에 적색독서회도 조직되었다. 신간회 공주지회 설립을 위한 움직임은 1927년 6월부터 있었다. 신간회 공주지회는 민족문제, 지역 문제 해결을 위한 활동을 했다. 1928년 1월 신간회 공주지회 정기대회에서 재만동포 옹호에 관한 건, 부정형기 사건 내용 조사에 관한 건, 공주우성수리조합 내용 조사에 관한 건 등이 논의되었다. 그러나 신간회가 해소되면서 공주지회도 해소된 것으로 보인다.

1

소작쟁의로 시작된
농민운동

1) 농민단체 운동

조선은 봉건사회의 농업 생산관계인 지주·소작 관계를 그대로 둔 채 일본 제국주의의 식민지가 되고 말았다. 농민의 대다수를 이루던 소작인들은 지주·소작 관계를 청산하는 동시에 식민지 지배와 수탈 체제를 무너뜨리고 민족해방을 달성해야 하는 과제를 떠안았다. 농민운동은 1919년 3·1운동을 통해 성장한 민족의식과 계급의식을 바탕으로 1920년대에 확산되었다. 소작쟁의를 중심으로 일어나기 시작한 농민운동은 일제가 미곡수탈 수단으로 산미증식 계획을 실시하면서 들불처럼 거세게 번져나갔다. 소작쟁의, 수리조합 반대운동, 곡물검사제 반대운동 등 다양한 모습으로 발전했다.

충남 공주에서도 농민운동이 자주 일어났다. 1920년대 공주의 농민운동은 농민조합을 조직하는 모습으로 나타났다. 『조선일보』 공주노동협성회 총회 관련 기사(『동아일보』)

지국장인 한원교와 지역 지식인들은 '소작상조·산업장려·근검저축·호상
친목' 4대 강령을 바탕으로 노동협성회를 조직하고자 했다.[1]

　　1925년 8월 17일에 노동협성회 발기인 총회가 개최되었다. 발기
인 총회에서는 △노동협성회 취지서를 작성하고 당 경찰서에 승낙을
얻어 창립총회에 통과할 것, △각 면에 집행위원을 두어 회원모집에
힘쓸 것, △회원 500인을 모집하여 창립총회를 열 것, △회원모집은
공주군 일원으로 할 것 등을 결의했다.[2] 그러나 노동협성회는 그해 말
이 되도록 세워지지 못했다.

노동협성회 창립이 지지부진하자 공주청년회 위원장 유정현의 주도로 1925년 11월경부터 노동협성회 창립 준비가 다시 시작되었다.3) 노동협성회 임시준비위원 사무실이 마련되어 1926년 1월 16일 준비위원회가 열렸다. 준비위원회에서는 1926년 2월 중 창립총회를 개최하기로 하고 면별로 회원을 끌어올 모집위원을 뽑았다.

주외면·탄천면·목동면은 김현구, 우성면·사곡면은 이억, 장기면·반포면·계룡면은 문봉의, 의당면·정안면은 조중환, 신상면·신하면은 윤홍중, 공주면은 신경순이 각각 선출되었다. 준비위원들은 2월 26일 임시사무소에 모여 회원모집에 관한 건과 농촌생활 실태 보고회를 진행하고, 3월 19일 공산성 영은사에서 창립총회를 개최하기로 결의했다.4) 하지만 이번에는 일제의 탄압으로 노동협성회 창립이 성사되지 못했다.

1926년 말경 문봉의, 유정현 등을 중심으로 노동협성회 창립이 또다시 추진되었다. 준비위원으로는 문봉의·이억·윤홍중 등이 활동했다. 이들은 각 면을 돌면서 회원을 600~700여 명 모집했다. 창립총회는 1926년 12월 23일 공주청년회관에서 열기로 계획했다.5) 그러나 12월의 창립총회도 일제 경찰이 사회단체의 집회를 허용하지 않아 개최되지 못했다.6)

공주청년회 주도의 노동협성회 설립은 좌절되었지만 농민을 중심으로 한 '노농회'가 창립되었다. 1927년 2월 5일 주외면의 소작인은 황원숙을 대표 발기자로 하여 도와 군에 진정서를 제출하기로 했다. 또

공산성 영은사

한 일반 소작인 처우문제 해결을 위한 지주회 개최를 요구하는 등 조직적인 활동을 전개했다.[7] 2월 23일 주외면 소작인 20여 명은 '노농회' 조직을 위한 모임을 가졌다. 임시의장 황원숙의 사회로 '소작상조·무산자교육·노동공제' 3대 강령을 내세우며 노농회 발기회를 개최했다. 창립총회는 다음 달 1일 열기로 했다.[8]

1927년 3월 1일 예정된 창립총회는 일제 경찰의 금지로 5일에 개최되었다.[9] 화은리 앞산에서 500~600여 명의 군중이 참석한 가운데 임시의장 문봉의의 사회로 창립총회가 진행되었다. 노농회는 회의장에 감시하러 들어온 일제 경찰이 '노농'이란 두 글자가 불온하다고 하여 명칭을 '노동협성회'로 변경했다. 이후 '애경상문(哀慶相問)'을 추가해 4대 강령 아래 구체적인 행동강령도 제정했다.

노동협성회는 사무소를 주외면에서 중심지인 공주면 상반정으로 이전하고 각 면에 지부를 설치하려 힘썼다. 그 결과 주외면 2개 지부, 계룡면·장기면·우성면에 각 1개 지부 등 총 5개 지부가 설립되었다. 조직은 대체로 소작부·노동부·교육부·애경부 등 4대 강령에 대응되는 형태로 구성되었다.

노동협성회는 활발한 활동을 전개했는데, 특히 교육활동이 두드러졌다. 문맹퇴치, 무산자 교육을 위해 야학부를 두고 남녀 학생을 모아 교육했다. 야학부는 1927년 4월 10일 주외면 화은리·소학리, 계룡면 기산리 등 지부가 설립된 곳을 중심으로 야학을 설치·운영했다. 야학마다 학생 수는 50여 명에 달했다. 강사는 무보수로 활동했다.[10]

노동협성회는 1927년 6월 조선노농총동맹에서 분리된 조선농민총동맹의 산하단체는 아니었던 것으로 보인다.[11] 당시 사회운동계의 일반적인 경향이 노동조합과 농민조합으로 나뉘었던 것과는 달리 따로 조직을 세우려 시도하지 않은 채 노농연합 조직을 유지했기 때문이다. 또한 노동협성회가 언제까지 존속했는지는 자료가 부족하여 알 수 없다. 그렇지만 분명한 것은 1930년대 초반 공주 지역에서 소작쟁의가 활발하게 전개되는 데 노동협성회 지부 간부들이 주도적인 역할을 했다는 점이다. 그런 점에서 볼 때 1920년대 중후반 노동협성회와 같은 농민조합 결성 경험은 1930년대 초 공주 지역 농민들이 소작인동맹을 결성하여 소작쟁의로 이어지는 토대가 되었다.

2) 소작쟁의

1929년 말 전 세계에 불어닥친 경제 대공황은 식민지 농촌에도 큰 영향을 끼쳤다. 일제는 경제위기에서 벗어나기 위하여 군국주의의 길을 선택했고 대공황으로 인한 피해를 식민지 농촌에 지웠다. 일제가 실시한 산미증식계획으로 미곡 중심의 단작형 국내 농촌경제는 경쟁력을 상실했고 치솟는 물가에 대응할 수 없게 만들었다. 농민들의 피해는 산더미처럼 커져만 갔고, 농토를 빌려 경작해서 생활하는 소작인들은 지주와 마름의 횡포에 힘든 나날이었다.

1930년대 초 공주 지역 농민들의 생활 역시 별반 다르지 않았다. 1929년 말 경제 대공황에 지주와 마름의 횡포가 더해져 농민들의 궁핍은 극에 달했다. 공주군 의당면과 정안면의 농민 1,000여 명이 한밤중에 고향을 등지고 떠나간다는 『동아일보』의 기사는 이러한 상황을 단적으로 보여준다. 마침내 소작인들은 자신들의 생존권을 위해 소작쟁의를 일으켰고, 더 나아가서는 계급투쟁, 민족해방까지 외치면서 투쟁했다.

공주 지역 최초의 소작쟁의는 1921년 5월에 발생했다.[12] 공주 반포면에서 마름이 소작인으로부터 선도지(소작인이 농지를 사용한 대가로 가을에 받을 것을 미리 앞당겨서 봄이나 여름에 받는 벼)를 받고, 선도지를 내지 않으면 소작권을 박탈하는 횡포를 부려 대전경찰서에서 조사에 나섰다. 1927년에도 소작료 납부 때 저울에 아연을 넣는 등 부정형기를 사용하여 마름에 대한 조사가 이루어졌다.[13] 1929년 5월에는 우성면 방홍리에서 소작인 30여 명이 소작료를 냈음에도 이유 없이 소작권을 박탈당하는 일이 일어났다.[14]

농민들의 저항이 1920년대에는 개인적인 차원이었다면 1930년대 들어서면서는 조직적인 모습을 띠기 시작한다. 공주의 소작인들은 지주와 마름의 횡포에 소작인동맹을 결성하고 자신들의 요구사항을 명확히 했다. 그리고 노동협성회 지부가 설립된 지역을 중심으로 동시에 여러 곳에서 저항운동을 벌였다. 1931년 11월 4일 공주군 주외면 소학리에서 소작인 70여 명이 모여 '신합소작인동맹'을 결성했다. 실행위원 김원백·강성숙·이인우·변상은·장기택·어재해를 선출하고 지주에게 △전일 지주 소작인 간에 체결된 계약은 취소할 것, △소작권 이동 절대 반대, △소작료는 지주 4할 소작인 6할제를 실행할 것, △공과금 소작인 부담 절대 반대, △사음제(지주를 대리하여 소작권을 관리하는 사람 · 마름)를 철폐할 것, △운반 1리 이상 절대 반대 등을 요구했다.[15] 실행위원으로 선출된 강성숙·변상은은 1927년 3월 17일 설립된 노동협성회 소학리 지부 소작부 위원으로 활동한 바 있다.

1931년 11월 7일 주외면 신기리에서도 소작인 120여 명이 '신기리소작인동맹'을 결성했다. 그들은 주외면 소학리의 소작인들과 동일한 요구조건을 지주들에게 전달했다. 실행위원으로는 김치경·이상억·김성칠을 선출했다.[16] 소학리와 마찬가지로 신기리도 1927년 3월 20일 노동협성회 신기리 지부가 설립되었다. 소작쟁의를 주도한 이상억은 소작상조부 위원, 김성칠은 노동공제부 위원이었다.

소작쟁의 기사
(『조선일보』 1931년 11월 12일)

소작쟁의 기사
(『조선일보』 1931년 11월 18일)

계룡면 구왕리와 내홍리에서도 소작쟁의가 전개되었다. 구왕리와 내홍리의 소작인 200여 명은 지주의 가혹한 착취에 저항하고자 1931년 11월 13일 소작인동맹을 결성했다. 소작인동맹은 이승하·이상만을 대표로 선출하고 9개 조항을 요구조건으로 내걸었다.[17] 일제 경찰은 1931년 11월 16일 주외면과 계룡면 소작인 대표를 불러 쟁의 형태가 아닌 합법적이고 온건한 방식으로 할 것과 당국의 지시를 따르라는 등 압력을 가했다. 소작인 대표는 불복하고 곧바로 공주군 관계자를 방문했다.

군 관계자는 군청에 맡기면 지주 측과 타협하여 원만하게 해결해주겠다면서 우선 소작인조합과 소작인동맹을 해산하라고 종용했다. 소작인들은 소작인단체 해산만을 강권하는 일제 경찰과 군 당국의 태도에 더욱 분개하여 자신들의 요구조건이 관철될 때까지 항쟁할 것을 결의했다.[18] 소작인동맹은 1주일 후인 1931년 11월 23일 이승하와 이상욱 등 7명을 대표로 하여 공주읍 지주 20여 명을 직접 찾아가 지주들의 '전횡서'와 함께 자신들의 요구사항을 전달했다. 그리고 요구에 대해서는 10일 이내로 답변해줄 것을 통보했다.[19]

일제 경찰은 주외면과 계룡면에서 소작인동맹이 결성되고 조직적인 소작쟁의가 전개되자 경계를 강화했다. 그러나 일제 경찰의 감시 속에서도 주외면과 계룡면에 이어 우성면에서도 소작쟁의가 발생했다. 우성면에서는 방홍리와 보홍리 소작인 70여 명이 소작쟁의를 일으켰다.[20] 이들은 이전부터 소작쟁의를 준비 중이었는데,

지주에게 전달할 '탄원서'가 11월 5일에 작성되었던 것으로 보아 11월 초에는 소작인동맹이 결성되었을 것이다. 우성면 소작인동맹은 탄원서를 제출하는 한편 △소작권 이동 절대 반대, △소작료 4할 △사음·수세·마당세·두세 시행 절대 반대, △운반 2리 이상은 절대 반대, △공과금 지주 부담 등의 요구조건을 내놓았다.[21]

공주군 의당면에서도 소작쟁의가 일어났다. 의당면 수촌리 일대 소작인 100여 명은 11월 16일 자신들의 요구사항과 요구가 관철될 때까지 소작료 납부를 거부하기로 했다.[22] 계룡면에서는 중장리에 소작인조합이 조직되었다. 중장리 소작인 100여 명은 11월 24일 소작인조합을 조직하고 이재승·김명제를 대표로 선정했다. 이재승과 김명제는 이틀 후인 26일 지주를 방문하고 진정서와 요구조건을 제시했다. 요구조건은 △봄에 작성한 소작계약은 지주의 독단적인 결정이니 취소할 것, △소작료는 4·6할제를 시행할 것, △공과금 소작인 부담 절대 반대, △소작권 이동 절대 반대, △사음제 철폐할 것, △운반 2리 이상 절대 반대 등이었다.[23]

한편 일제 경찰은 감시에도 불구하고 1931년 11월 우성면 방흥리와 보흥리에서 소작쟁의가 발생하자 배후에 선동 세력이 있을 것으로 보고 11월 16일 한덕근을 체포하여 심문했다.[24] 한덕근은 공주소년동맹 창립을 주도한 인물이자 공주청년회 간부였다. 1928년 3월 26일 열린 공주소년동맹 창립대회에서 임시집행부 의장 윤홍중과 함께 서기로 활동했고 1929년 7월 23일 공주청년회 임원진 개편 시에는 집행위원으로 활동했다.[25] 일제가 한덕근을 체포한 데는 공주청년회가 소작쟁의에 개입할까봐 우려하고 있었음을 단적으로 보여준다. 실제로 공주소년동맹 위원장 안병두는 박명렬과 함께 우성면에 소작쟁의가 일어나자 농민조합을 조직하여 계급해방 투쟁을 전개하려고 시도했다.

이처럼 공주 지역의 소작쟁의는 1930년대 초반 주외면·계룡면·우성면·의당면에서 폭발적으로 일어났다. 이 지역들을 보면 노동협성회 지부가 설립된 곳이다. 그리고 주외면은 노동협성회 지부의 주요 임원들이 소작쟁의를 이끌었다. 1920년대 중후반 노동협성회 경험이 1930년대 초반 조직적인 소작쟁의 투쟁으로 이어졌던 것이다. 또한 사회주의 사상으로 무장한 지역 청년들이 소작쟁의에 깊숙이 개입하여 계급투쟁을 위한 농민조합 조직을 시도하고 계급해방을 모색하기도 했다.

2

항일운동의 성격을 띤
노동운동

    1919년 3·1운동 이후 농민과 노동자 대중은 자신들의 이익과 사회변혁을 위해 조직적인 계급투쟁을 전개했다. 특히 전국적인 노농단체가 결성되면서 노동운동의 전기를 마련했다. 그 예로 1920년 4월에 조직된 조선노동공제회를 들 수 있다.[26] 조선노동공제회는 1920년 2월 7일 결성된 조선노동문제연구회가 발전하여 같은 해 3월 16일 조선노동공제회 발기인 총회를 거친 뒤 4월 11일 창립했다. 조선노동공제회는 창립 직후 지방 지회 설립을 위한 준비를 시작하여 전국 각지에 지방 지회가 설립되었다.

    공주 지역에서도 조선노동공제회 지회가 설립되었다. 정확한 설립 시기를 확인하기 어렵지만 「조선노동공제회 선언」이 있기 전인 1922년 1월 설립된 것으로 보인다. 1922년 1월 18일 아침 조선노동공제회 집행위원장 박이규는 공주지회 발회식 참석을 위해 출발했다.[27] 공주에 도착한 박이규는 1월 22일 서울로 돌아갔다.[28] 조선노동공제회 공주지회는 박이규가 공주에 머무른 1월 18일에서 22일 사이에 설립되었을 것으로 추정된다. 다만 조선노동공제회 공주지회 설립을 주도한 인물은 확인되지 않는다.

한편 조선노동공제회는 1922년 10월 16일 윤덕병·신백우 등 사회주의 지식인이 조선노동연맹회를 조직하면서 분열되었다.[29] 차금봉과 노동자 세력은 기존 조선노동공제회의 존속을 원했기 때문이다. 지방 지회 가운데 4~5개 지회만이 조선노동연맹회에 가입했고 대부분의 지회는 조선노동공제회에 남아 있었다. 그러나 지방 지회들은 중앙의 분열을 보고 대부분 독립적으로 활동했다. 이때 공주지회는 조선노동공제회에 남아 두 조직이 전조선노농대회를 거쳐 조선노농총동맹을 결성하는 데 기여했다.

조선노동공제회는 서울청년회의 지원 아래 노동운동을 벌여나갔는데, 조선노동연맹회와 북성회의 '조선노농총동맹준비회'에 대응해 1923년 9월 16일 '조선노농대회준비회'를 발기했다. 준비회에는 전국 소작인 단체와 노동자 단체가 참여했고, 공주노동공제회도 참가했다.[30] 일제의 탄압으로 준비회 주도자가 체포되었다가 석방된 후인 1924년 1월, '조선노농대회주체단체총회'를 1월 30일 서울에서 개최하기로 했다. 참가단체는 조선노동공제회 서울본부를 비롯해 42개 단체였다. 공주노동공제회는 준비회에 이어 조선노농대회주체단체총회 참가단체로 등록했다.[31] 총회에 등록한 단체들은 1924년 4월 15일 서울에서 3일간 '전조선노농대회'를 개최했다. 한편 북성회계는 바로

공주노동공제회 강연 기사
(『동아일보』 1922년 8월 31일)

조선노동총동맹을 결성하는 것보다는 지역별 연맹을 조직하고 이를 매개로 총동맹을 조직하는 것이 효과적이라고 보았다. 이를 위해 1924년 1월 경상남도노농운동자간친회를 개최하고, 1924년 3월 전라도 노농연맹 조직한 후 1924년 3월 대구에서 남선노농동맹 창립총회를 개최하였다.[32] 노농대회에서 남선노농동맹을 참석하게 하여 노농대회를 전조선노농총동맹창립준비회로 발전시키기로 했다. 그 결과 4월 17일 전조선노농대회, 남선노농동맹, 조선노동연맹회, 기타 무소속 대표와 대회 참가자들은 대회 명칭을 '조선노농총동맹 창립대회'로 변경했다. 창립대회는 20일까지 진행되어 마침내 중앙집행위원 50명을 선출하면서 조선노농총동맹이 조직되었다.

공주노동공제회는 농민·노동자를 대상으로 한 강연회와 구제사업 등을 전개했다. 강연회는 『동아일보』를 통해 확인된다. 1922년 8월 25일 열린 강연회에는 조선노동공제회 본회 백광흠과 신백우가 강사로 초빙되었다.[33] 백광흠은 '금일의 추세', 신백우는 '노동의 권위'라는 주제로 강연을 했다. 이날 강연회에는 1,000여 명이 참석해 공주지역 대중의 관심이 높았음을 알 수 있다. 강연회 외에 구제사업도 전개했다. 공주지회의 '환난상구(患難相救)' 정신을 담은 구제사업은 신백우가 모범적으로 이루어졌다고 평가할 정도였다.[34]

또한 공주노동공제회는 지역 사회단체들과 함께 민족문제에 관심을 갖고 활동했다. 재만동포들에 대한 탄압이 계속되자 1927년 12월 8일 공주노동공제회를 비롯해 공주청년회, 공주기자단, 신간회 공주지회, 공주소년군, 공주내벗청년회, 공주노동협성회, 재봉친목회, 공주부인회, 재봉기술조합 등은 공주청년회관에서 재만동포피압대책강구회를 조직했다. 강구회에서는 시위를 거행하기로 결의하는 한편 시민대회까지 열기로 했다. 시위행렬은 다음 날인 12월 9일 공주 시가에 선전전단을 뿌리면서 전개되었다.[35]

공주노동공제회는 농민조합과 노동조합으로 분리되지 않았던 것으로 보인다. 공주노동공제회는 조선노동공제회가 조선노농총동맹으로 발전적 해체되는 시기에 전조선노농대회에 참가했다. 그렇게 조직된 조선노농총동맹은 1927년 9월 6일 조선농민총동맹과 조선노동총동맹으로 분리되었다.[36] 이때 대부분의

일제강점기 공주우체국

단체는 농민조합과 노동조합으로 분리되거나 분리하려 시도했다. 그러나 공주노동공제회는 조선노농총동맹이 분리된 시기에도 공주 지역의 단체들과 함께 재만동포 탄압에 대한 논의를 하는 등 별다른 분리 시도 없이 활동을 이어나갔다. 이때 명칭 변경 없이 신문 기사에 적힌 것으로 보아 농민조직과 노동조직으로 분리되지 않은 채 활동한 것으로 보인다.

공주 지역에서는 대규모 노동쟁의는 없었지만 동맹파업은 산발적으로 이루어졌다. 공주 지역 동맹파업을 전개한 노동자들은 우편배달부, 제사공장 여직공, 공주가교 인부 등이었다. 1928년 2월 공주우편국 우편배달부 20여 명은 동맹파업을 결의했다. 동맹파업의 발단은 일본인 우편국원이 조선인 우편국원을 폭행하고 조선인에게 모욕적인 언행을 퍼부은 데서 시작되었다. 일본인의 만행을 보고 있을 수

지금의 공주우체국 주변 시가지

없었던 조선인 우편배달부는 우편국장에게 일본인 직원을 내보내라고 요구하고 그렇지 않으면 동맹파업을 하겠다고 했다.[37]

남선제사 여직공들도 동맹파업을 단행했다. 남선제사는 1929년 일본인 충청도 평의원 마루야마 도라노스케(丸山虎之助)가 설립했다. 공장의 불합리한 대우에 대하여 여직공 10여 명이 동맹파업을 단행하자 남선제사 측은 파업을 중단하고 복직하라고 회유하는 한편 일제 경찰의 조사도 진행되었다. 이에 회유와 압박으로 일부 직원이 복직했고, 그렇지 않은 여직공에 대해서는 해고하고 새로운 여직공을 모집하면서 동맹파업은 끝이 났다.[38]

1930년 4월에는 공주 우성면 다리 건설공사 현장에서 인부들이 동맹파업을 단행했다. 조선인 노동자가 일본인 공사 감독자에게 밀린 임금을 요구하다 구타당한 사건이 발생했다. 일제 경찰은 조사과정에서 조선인 감독자만 구금하고 일본인 감독자는 풀어줬다. 이에 노동자 100여 명은 4월 10일 일제의 민족적 차별에 항거하며 일제히 동맹파업을 전개했다.[39]

공주 지역의 동맹파업은 노동조합이 조직되지 않았고 규모 면에서도 크지 않았다. 노동자들의 요구도 받아들여지지 못했다. 그러나 노동자들의 동맹파업은 계급투쟁을 넘어서서 일제의 민족적 차별에 저항하는 항일운동의 성격을 지닌다.

3

청년들이 중심이 된
애국운동

　3·1운동은 불완전하나마 집회·결사의 자유를 가져왔고, 그 결과 각 부문의 사회단체들이 우후죽순처럼 조직되었다. 어느 계층보다도 사회 사정에 민감한 청년들은 제1차 세계대전 이후 세계적으로 몰아친 세계개조사상에 고무되어 '조선 신문화 건설'을 내세울 중심기관의 필요성을 깊이 인식했다. 1910년대부터 많지는 않았지만 지방마다 종교 청년단체는 물론 구락부 또는 수양회 형태의 일반 청년단체가 조직돼 활동하고 있었다.

　공주 지역의 청년운동 단체는 1918년경 조직되었다. 서덕순·김수철·노정학 등이 조직한 공주청년회와 이범규·이상덕 등이 조직한 공주청년구락부가 있었다.[40] 두 단체는 1919년 7월경 공주청년수양회로 통합했다. 공주청년수양회가 설립될 당시의 간부 현황은 파악되지 않으나 1921년 7월 24일 총회에서 새롭게 선출된 간부를 보면 공주청년수양회는 지역의 '청년유지'가 중심이었던

일제강점기 공주시 청년회관 터(지금의 공주제일교회)

단체로 '관제 청년수양단체'의 성격이 짙다. 회장 유정현(변호사), 부장 성보영(군참사·남선흥업주식회사 사장), 총무 이상덕·이현주(유성온천 이사), 지육부장 서덕순(공주중학 교유), 덕육부장 이익모, 체육부장 이범규(충남권업주식회사 이사), 구락부장 노정학, 재무부장 권석신, 서기 임홍섭·윤철순 등 대부분이 공주 지역 유지였다.[41] 이러한 임원진은 1922년 4월 9일 정기총회 임원진 개편 때에도 크게 달라지지 않았다.

공주청년수양회는 노동 야학을 실시했다. 1921년 10월 봉황동의 회관에 노동야학 강습회를 열고 학생 40여 명을 모집하여 가르치기 시작했다. 1925년경에는 강사 10여 명이 무보수로 봉사할 정도였다.[42] 공주청년수양회의 영향으로 1929년 1월에는 13개소

야학에서 교사 43명이 학생 723명을 교육할 정도로 야학이 활성화되었다.[43]

또한 공주청년수양회는 연극공연과 체육활동도 함께 전개했다. 1920년에 도쿄유학생학우회의 순회강연단을 조직하여 순회강연을 실시하고, 조선여자교육회 강연단과 전선학생대회 강연단 등을 초청하여 강연회와 토론회 등을 개최했다. 1921년 7월에는 회원들로 소인극(연극)단을 조직하여 9월 말부터 10월 초순까지 민중계몽을 위한 순회공연을 다녔다. 이와 함께 체육부 주관으로 공주 인근 지역의 청년단체 연합축구대회를 개최하고 지역 학교와 단체가 참여하는 정구대회를 주최했다.[44]

한편 공주청년수양회는 민립대학 설립운동을 전개했다. 이 운동은 이상재 등 민족지도자들이 중심이 되어 우리나라에 대학이 없음을 개탄하고 빠른 시일 내에 민립대학을 설립하고자 했던 문화운동이다.

1922년 1월 이상재·이승훈·윤치호·김성수·송진우 등은 조선민립대학기성준비회를 정식으로 결성했다. 이에 따라 전국 지방에서도 민립대학 설립기금 모금운동이 활발하게 전개되었다. 공주에서도 공주청년수양회가 중심이 되어서 민립대학 설립운동에 참여했다. 1923년 1월 6일 임원회에서 김윤환·유정현·성보영·심상구·이익모를 민립대학 발기인으로 선출했다.[45]

공주 지역 민립대학 설립운동 관련기사(『동아일보』 1923년 11월 10일)

이후 같은 해 10월 민립대학기성회공주 지방부를 조직했다. 집행위원장 유정현을 비롯해 김현구·서덕순·심상구·성보영·노정학·이현주·이범규 등 공주청년수양회 간부들이 중심이 되었다.[46] 민립대학기성회 공주지방부는 1923년 11월 5일 집행위원회를 개최했는데, 이때 그간의 활동사항 보고가 있었다. 회원 280여 명이 모집되었고 450원의 회비가 모금되었다.[47]

1920년대 중반 청년운동은 사회주의 세력이 사회운동의 새로운 주도층으로 등장하면서 변화했다. 공주 지역에서도 사회주의 세력이 형성되면서 청년운동에 변화가 일어났다. 1925년 말경부터 혁신운동이 본격화되었다. 1925년 11월 29일 혁신총회를 개최하여 공주청년회로 명칭을 바꾸고 회장제에서 위원제로 변경했다.[48] 이를 위해 임원들이 전원 사임한 뒤 새로운 집행위원과 평의원을 선출했다. 또 조직활동에 소극적인 회원을 정리하기 위해 회비를 미납한 회원을 제명하기로 결의했다. 신경순·민영룡 등 일부 새로운 청년이 집행위원으로 선출되기도 했지만 유지 중심의 기존 간부들이 선출되면서 제한적인 혁신에 그치고 말았다.

공주청년회는 1927년 5월에 들어와 사회주의 세력의 주도로 혁신총회를 개최했다. 사회주의 혁신 청년들은 반대파들과 난투극을 벌인 끝에 청년회 주도권을 장악했다. 1929년 7월 23일 서면 대회로 임원진을 개선하고 조직을 재정비하여 집행위원장에 윤귀영, 위원에 윤홍중·김진철·이강하·장순임 외 5명을 선임했다.[49] 8월 6일에는 1929년도 제1회 집행위원회를 개최하여 부서 배정 건, 회원 원유회 개최 건, 반회 조직 건 등을 의결하고, 조직을 재정비해 서무부 윤홍중·한덕근, 재정부 김진철·김정태, 선전교육부 이강하·안병두·정수진, 체육부 황인규·황준봉, 여자부 장순임 등을 선임했다.[50]

공주청년회는 1927년 6월 신간회 공주지회의 설치를 적극적으로 도왔다. 공주청년회 간부인 윤귀영·배상인 등이 설립위원으로 참여했다. 이들의 노력으로 같은 해 9월 신간회 공주지회가 설립되었으며, 청년단체 간부들이 지회의 임원을 맡아 활동을 이끌었다. 또한 공주고등보통학교 학생들의 동맹휴학을 조정하는 과정에서 학부형회가 학교 당국에 동조하는 쪽으로 기울자 경고문을 보내고 적극 대응했다. 이 일로 공주청년회 집행위원장 윤귀영, 집행위원 정용산, 공주소년동맹 집행위원장 안병두 등이 체포되었다.

공주청년회 활동은 일제의 탄압으로 급속하게 위축되었다. 1929년 8월 공산성 원유회에서 '세계 약소민족 만세' 구호를 외친 집행위원장 등 주요 인사가 보안법 위반 혐의로 구금되고 이후 공주경찰서는 청년회 주최의 모든 집회를 불법으로 규정하고 탄압했다. 일제의 탄압으로 공주청년회는 공식적인 활동을 거의 할 수가 없었다. 1931년에는 회관의 보수공사를 위하여 의연금을 징수하고 회원의 노동력으로 공사를 마칠 정도로 쇠락했으며, 1932년 3월 안병두 등의 적색비밀결사 사건을 계기로 공주청년회는 거의 해체 상태에 이르렀다.[51]

한편 공주청년회 '형제단체'로 공주소년동맹이 1928년 3월 26일 창립되었다.[52] 집행위원장은 윤홍중, 집행위원은 유연용·김진철·한덕근 등이었다. 공주소년동맹은 지역별 반조직, 회원의 자체 교양, 회보 발행, 반동단체 규제, 어린이날 행사, 조혼 폐지 등의 활동을 전개하고자 했으나 창립과 동시에 일제의 집회금지 조처 등으로 공개적인 활동에 많은 고초를 겪었다. 같은 해 5월 어린이날 행사 때는 경성의 소년총동맹이 기증한 '미신 타파·문맹 퇴치·조혼 폐지' 등의 전단을 무단 살포한 혐의로 위원장 윤귀영, 선전부원 유연용, 동아일보지국 기자 배상인 등이 10일간 구류 처분을 받았다.[53] 이후 1929년 11월에 서면 대회를 통하여 집행부를 재정비한 뒤 위원장에 안병두, 위원에 송긍렴·이영구 외 9명을 선임하고 조직의 활동 재개를 시도했다.[54] 그러나 일제 식민지배 체제하의 공주경찰서가 집회를 금지하는 등 탄압을 해 활동에 어려움을 겪었다.

4

민족의식 함양을 통한
학생운동 전개

학생운동은 3·1운동을 통해 고양된 민족의식과 높아진 민간의 교육열에 따른 학생 세력의 양적 성장에 힘입어 비로소 본궤도에 진입했다. 1920년대에 들어 학생 세력은 조선학생회·조선학생과학연구회 등의 전국적 학생단체와 독서회를 비롯한 비밀결사의 조직, 애국계몽운동과 동맹휴학·가두시위 등을 통해 학생층의 권익을 대변하고 민족의 당면 문제를 풀어가려 했다. 이 가운데 등교·수업 거부 등 집단행동을 통해 식민지 교육의 문제들을 이슈화한 동맹휴학은 1920년대 학생운동의 가장 일상적인 투쟁 형태였다.

공주 지역 학생운동은 공주고등보통학교 동맹휴학이 대표적이다. 공주고등보통학교 학생운동은 1927년과 1929년 두 차례에 걸쳐 일어났다. 1922년 5월에 개교한 공주고등보통학교는 조선인과 일본인 학생들이 함께 다니는 학교였다. 그런데 교장을 비롯한 대다수의 교사가 일본인으로 이뤄져 조선을 무시하고 조선인을 깎아내리는 말과 행동이

일제강점기 공주고등보통학교 전경

잦았다. 조선인 학생들은 이러한 민족 차별의 식민지 현실 속에서 민족
의식을 키워나갔다.

　　1927년 6월 26일 공주고등보통학교 4학년인 이철하가 그동안
조선을 멸시하고 조선인을 무시하는 등 민족 차별을 일삼은 일본인 교
장에게 반성을 촉구하는 공개 서신을 제출했다. 일본인 교장은 이철하
가 제출한 공개 서신을 보고는 치를 떨며 그의 아버지를 호출했다. 일본
인 교장은 이철하의 아버지가 있는 자리에서 이철하를 무자비하게 구타
하고 퇴학시켰다.[55] 공주고등보통학교 학생들은 이철하가 부당하게 퇴
학당한 사실을 알고서는 몹시 원통해하며 동맹휴학을 단행하기로 계획
했다.

1927년 7월 2일 공주고등보통학교 4학년 조선인 재학생 50여 명은 연명으로 날인한 진정서를 학교 당국에 제출하고 동맹휴교를 단행했다. 학생들은 학교 당국에 6가지 요구조건을 제시했다.[56]

첫째, 학생을 퇴학시킬 때 학교 측이 너무 경솔하게 하지 말 것, 둘째, 일본인 교장은 반성할 것, 셋째, 일본인 교사 마쓰이를 사직시킬 것. 넷째, 일본인 교사 이오카는 태도를 고칠 것, 다섯째, 일본인 교사 야쓰다는 조선인 학생에 대한 차별적 행동을 고칠 것, 여섯째, 교사 및 이화학실 건축을 조속히 실행할 것 등이었다. 학생들의 요구사항은 조선인 학생에 대한 민족 차별을 중단하고 그동안 민족 차별을 한 일본인 교장과 교사의 반성 및 처벌을 담고 있었다. 아울러 열악한 교육환경의 개선을 요구했다. 학생들은 7월 13일까지 학교 당국이 자신들의 조건을 받아들이길 요구하고, 그렇지 않을 경우 동맹휴교 과정에서 희생당하는 학생이 있더라도 일본인 교장의 사직을 요구하면서 끝까지 동맹휴교를 하기로 결의했다.

이튿날 학부모들은 동맹휴교 문제를 해결하기 위해 학부형회를 구성하고 모임을 가졌다. 여기에는 학생 대표들도 참석하여 동맹휴교를 단행한 이유와 자신들의 요구사항을 설명했다. 학부형회는 책임을 지고 진상을 파악하여 원만하게 해결하겠다고 밝히면서 학생들에게 동맹휴교를 중단하고 등교하기를 촉구했다.[57] 이틀 후인 7월 5일 학생과 학부형회 대표들이 다시 모임을 가졌다. 학부형회는 학생들의 요구를 책임지고 해결하겠다는 입장을 거듭 밝히면서 학생들의 등교를 재차 촉

지금의 공주고등학교 전경

구했다. 학생들은 이날 오후부터 동맹휴교를 풀고 등교했다. 학부형회는 학교 당국과 교섭을 벌이기 위해 공주에서 활동하고 있던 변호사 임창수를 포함한 3명을 교섭위원으로 선정했다. 또한 7월 17일에는 각지에 있는 학부모들을 불러모아 동맹휴교 문제를 해결하기 위한 학부형대회를 열기로 결정했다.[58]

학교 당국은 1927년 7월 6일 학생들이 동맹휴교를 중단하고 등교하자 동맹휴교를 주도한 4학년 학생 2명을 퇴학시켰다. 학생들은 학부형회를 방문하여 항의하고 사태의 해결을 촉구했다.[59] 학부형회는 학교 당국과 교섭을 벌였으나 아무런 성과를 거두지 못했으며, 학교 당국의 강경한 조치에 아무런 대응도 하지 못한 채 속수무책으로 당했다. 그러는 동안 동맹휴교를 주도한 학생들은 계속해서 퇴학을 당했다.

한편 공주청년회는 동맹휴교로 학생들이 계속 퇴학당하는 등 사태가 악화되자 긴급위원회를 열어 대책을 논의했다. 공주청년회는 학부형회의 무능과 학생을 압박하는 자세를 비판하는 경고문을 학부형회에 발송했다. 아울러 학부형회가 학교 당국과 유착되어 있다며 이들의 각성을 촉구하고 단호하게 대응하기로 결정했다.[60] 그러나 일제 경찰은 학생들의 동맹휴교 문제에 공주청년회가 개입할 경우 처벌하겠다는 입장을 밝히고 집회도 금지했다. 이로 인해 공주청년회는 더 이상 대응하지 못했으며, 학부형회도 별다른 성과를 거두지 못하여 동맹휴교 문제는 일단락되었다. 동맹휴교를 주도한 학생 14명이 퇴학 처분을 받았으며 요구조건도 관철되지 않았다.

공주고등보통학교에서는 1927년에 이어 1929년에도 학생운동이 일어났다. 5학년 담임인 일본인 교사 가루베(輕部)가 학생 8명을 데리고 충청남도 경찰부장 야노(矢野)를 방문한 것이 발단이 되었다. 학생들은 일본인 교사의 행위가 학생을 경찰의 첩자로 삼으려는 매우 부당한 행위라고 격분, 두 번째 동맹휴교를 준비했다.

이관세는 공주청년회 집행위원장 윤귀영을 만나 일본인 교사의 행위를 설명하고 학생들이 동맹휴교를 계획하고 있다고 말했다. 이에 윤귀영도 적극적으로 찬성하고 격려했다. 이관세는 1929년 12월 1일 주외면 금성리 산성공원 부근의 웅심각에서 4학년 조선인 학생 전원이 참석한 가운데 동맹휴교를 계획했다.

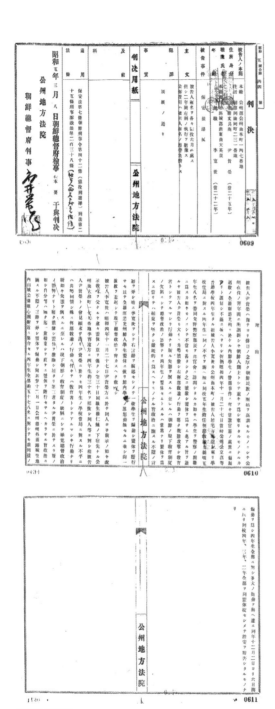

이관세 판결문

12월 2일에는 공주고등보통학교 4학년 학생뿐만 아니라 2학년, 3학년을 포함한 학생 200여 명이 동맹휴교를 단행했다. 학생들은 6개 조항의 요구사항을 담은 진정서를 교장에게 제출하고 해결해줄 것을 요구했다. 요구사항은 첫째, 일본인 교사 가루베는 사직할 것, 둘째, 학교 당국은 학부모에 대한 태도를 신중히 할 것, 셋째, 조선인 학생과 일본인 학생의 차별을 없애고 공평하게 대우할 것, 넷째, 학생 처벌을 경솔하게 처리하지 말고 학부모를 호출하지 말 것, 다섯째, 학생들에게 언론의 자유를 보장할 것, 여섯째, 도서관에 조선어 잡지를 확충할 것 등이었다.[61]

이튿날 학부모 30여 명은 학생들에게 대화를 요청했다. 학생들은 1927년 동맹휴교 당시 학부형회의 기만적인 행위를 알고 있었기 때문에 신뢰할 수 없다는 이유로 불응했다. 12월 5일 학교에서 학생 대표와 학부모들이 만나 토의했으나 합의를 보지 못했다. 학교 당국은 학생들이 기숙사를 탈출하여 행적을 알 수 없다는 내용의 전보를 학부모들에게 보냈다. 전보를 받고 놀란 학부모들은 학교를 방문하고는 진상을 파악한 뒤 학교 당국이 자신들을 속였다고 비난했다. 학생들은 학부모의 설득에도 강경한 자세를 취하며 동맹휴교를 계속했다.

12월 7일 부모들이 학생들을 강제로 등교시키고, 학교 당국은 기숙사에 있는 학생 40여 명의 외출을 금지했다. 하지만 학생들은 요구사항이 관철되지 않으면 등교하지 않겠다는 입장을 다시 확인했다. 그날 오후에 학생들은 요구사항이 관철되지는 않았지만 자신들의 뜻을

학교와 교육 당국에 충분히 알렸다고 판단하고 12월 9일에 등교하겠다는 의사를 밝혔다.[62]

학생들이 등교 입장을 밝히자마자 일제 경찰은 12월 7일과 8일 사이에 이관세·나병갑·나상도·나인종·김기혁·백낙순 등 학생 6명을 동맹휴교를 선동했다는 혐의로 체포했다.[63] 학교 당국은 이들을 퇴학시켰다. 또한 공주청년회 집행위원장 윤귀영도 동맹휴학을 선동한 혐의로 체포되었다. 이관세와 윤귀영은 보안법 위반으로 기소되어 1930년 3월, 징역 6월에 집행유예 2년을 각각 선고받았다.[64]

5
사회주의 계열 청년들의
비밀결사 운동

1929년 경제 대공황의 영향으로 조선의 농민과 노동자를 비롯한 대중의 생활은 더욱 피폐해져만 갔다. 일제는 식민지배 체제를 강화하고 민족운동과 사회운동을 탄압했다. 사회운동 세력은 일제의 탄압으로 많은 활동가가 체포되자 소수 지식인과 학생 중심의 활동을 반성하며 농민과 노동자 중심의 활동으로 전환했다. 이를 바탕으로 전국 곳곳에서 농민조합과 노동조합을 결성하여 혁명적 대중운동을 전개하는 가운데 공주 지역에서도 사회주의 계열의 청년들이 비밀결사를 조직하려는 움직임이 있었다. 공주소년동맹 위원장 안병두를 중심으로 하는 모임이 그것이다.

안병두는 1931년 10월 우성면 방홍리에서 소작쟁의가 발생하자 박명렬과 함께 소작인들을 지도했다.[65] 일제의 경계 속에서도 안병두는 한봉수로, 박명렬은 방진완으로 이름을 바꾸고 활동해 일제의 감시를 피할 수 있었다. 안병두는 박명렬과 함께 1931년 10월 하순경 유기

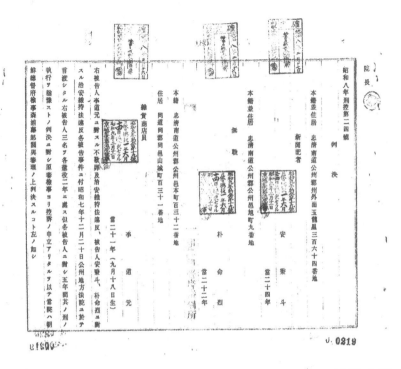

안병두 판결문

남의 집에서 지역 소작인 20여 명을 모아놓고 "농민은 피땀 흘려 지은 농산물을 모두 지주에게 착취당하고 더욱 빈곤한 상태에 빠져 있으니 같이 단결하여 지주에게 대항해야 한다"라고 주장하며 농민들을 지도 했다. 또한 그 무렵 안병두는 유기남과 이상근을 만나 지주에게 대항하 기 위한 투쟁기관으로 농민조합을 조직해야 한다고 강조했다. 이들 지역 사회주의 계열 청년의 농민조합 조직은 열매를 맺지 못했다. 그러나 소작쟁의를 통해 계급투쟁·계급해방을 모색하려 했다는 점에서 의미가 있다.

1931년 12월 공주고등보통학교 동창생인 안병두·이도원·이영근·박명렬·구자명 등 5명은 일제의 식민지배에서 벗어나 민족 해방과 사회주의 사회를 실현하기 위한 혁명적 대중조직을 결성해야 한다고 믿었다. 그리고 이들은 공친회를 조직하여 농민과 노동자 등을 활동가로 양성하고자 했다. 공주 지역 점원과 노동자들은 공친회를 친목모임으로 알고 들어왔다. 안병두 등은 1932년 1월부터 결의에 따라 여러 차례에 걸쳐서 홍영석·천길영·최영길·황을쾌·김형록 등 공주 지역 상점 점원들에게 식민지배의 현실을 일깨우고 사회주의 이념을 교육하기 시작했고, 2월에는 박원근·최상하·최정구 등의 노동자에게도 교육을 실시했다.

　　이들은 1932년 3월 반제국주의 내용이 담긴 격문을 뿌린 반제격문사건으로 체포되어 조사받는 과정에서 비밀결사를 조직하여 활동한 사실이 발각되었다. 5명은 모두 기소되어 재판에 부쳐졌다. 이들은 재판 과정에서 일제 경찰의 고문에 못 이겨 활동내용을 허위 자백했다고 밝혔으나 받아들여지지 않았다. 5명 모두 징역 2년, 집행유예 5년을 선고받았다. 이영근과 구자명은 석방되었지만, 나머지 3명에 대해서는 검사가 공소하여 이도원과 박명렬은 징역 2년, 집행유예 5년을 선고받았고, 안병두는 징역 2년을 선고받았다.

　　적색비밀결사 조직 시도 외에 적색독서회도 조직되었다. 1931년 12월에 영명학교를 중퇴한 이수준은 친구인 오성원·오재규 등과 함께 사회주의 서적을 구입하여 읽을 목적으로 독서회 조직을 계획했다. 1932년 3월 이수준은 자신의 집에서 오성원 등과 만나 독서회를 개최했

일제강점기 공주고보 학생들의 독서

다. 이수준은 "러시아는 무산자 독재의 국가로서 국민은 동일하게 노동하고 똑같이 먹으며 동일하게 공부하여 행복한 생활을 영위하고 있다. 그러므로 우리나라도 사유재산 제도를 폐지하여 러시아와 같은 사회주의 사회로 변혁해야 한다"라고 주장했다. 이수준은 목적을 달성하기 위해서는 우선 사회주의 서적을 읽고 연구하면서 무산자 계급의 단결을 도모해야 한다고 강조했다.

공주청년회 간부인 이용하는 서점을 운영하면서 이수준·윤귀영·오흥록 등에게 사회주의 관련 서적을 판매했으며, 이 과정에서 자신도 사회주의에 관심을 가지게 되었다. 이후 이용하는 아동과 농민들에게 민족의식과 사회주의 이념을 전파하기 위해 야학을 설립했다.

공장 직공이던 윤명재는 이용하와 친하게 지내다가 이용하가 가지고 있던 사회주의 관련 서적을 빌려 읽으면서 사회주의에 관심을 가지게 되었다. 윤명재는 1932년 8월 친구 오수남·김태헌·박신득·임근호 등과 여러 차례 만나 사회주의 이념을 전파했으며, 이들과 사회주의 이념을 연구하는 조직의 결성을 제안했다.

1933년 2월에 이용하가 체포되면서 이들의 활동이 드러나게 되었으며, 충청남도 공주·연기·부여·대전 등지에서 20여 명이 일본 경찰에 체포되었다. 이용하를 비롯한 7명이 예심을 받고 그중 3명이 재판에 부쳐졌다. 재판에서 치안유지법 위반 등으로 이용하는 징역 2년, 이수준과 윤명재는 각각 징역 1년 6월을 선고받았다.[66]

6

좌우가 합작한
신간회운동

1919년 3·1운동 이후 일제는 식민지배 아래 있는 우리나라에서 자치운동을 추진했다. 한마디로 독립하지 말고 일제 지배 아래 있으라는 것이었다. 이에 이상재·권동진 등은 '비타협적 민족전선 수립'을 제창하면서 자치운동에 반대하는 사회주의자들과 협력을 모색했다. 그 결과 1927년 2월 15일 기독교청년회회관에서 신간회를 창립했다. 회장에 이상재를 선출한 신간회는 창립 후 각지의 독립운동가와 민중운동가에게 폭넓은 지지를 받았다. 지회 수도 빨리 늘어났는데 1928년 2월 123개, 1929년 2월 144개로 나타났다. 신간회가 해소될 무렵인 1931년 5월에는 124~126개였다.

공주에도 신간회 지회가 설립되었다. 신간회 공주지회 설립을 위한 움직임은 1927년 6월부터 있었다. 6월 24일 공주청년회관에서 열린 신간회 지회 발기회에서 신간회 본부 김동근의 강령 설명이 있은 후, 유정현·황성혁·윤성갑을 회원모집과 지회 개회 준비위원으로

선출했다.[67] 7월에는 준비위원회를 개최하고 준비위원 4명을 더 선출했다.[68]

1927년 9월 27일 신간회 공주지회 설립대회가 금강관에서 일제 경찰이 감시하는 가운데 유정현의 사회로 진행되었다. 일제 경찰에 의해 일반 회원들의 입장은 금지되었다. 설립대회에서 경성 신간회 본부 총무간사 안재홍이 축사를 했다. 이후 회장에 유정현이, 부회장에 서덕순이 선출되었다. 임원진은 윤귀영·배상인·신경순·서겸순·윤홍중·김수철 등 공주청년회 인사들로 구성되었다.[69] 지회 설립 당시 회원 수는 48명이었으며 1929년 1월에는 86명으로 늘어났다.

신간회 공주지회는 민족문제, 지역문제 해결을 위한 활동을 했다. 1928년 1월 신간회 공주지회 정기대회에서 재만동포 옹호에 관한 건, 부정형기 사건 내용 조사에 관한 건, 공주우성수리조합 내용 조사에 관한 건 등이 논의되었다.[70] 재만동포 문제에 관해서는 이미 1927년 12월 공주노동공제회, 공주청년회 등과 함께 재만동포피압대책강구회를 조직하여 민족문제 해결을 위한 활동을 전개한 바 있다. 부정형기 사건은 1927년 마름이 저울에 아연을 넣는 등 부정한 방법으로 소작료를 더 받았던 사건이었다. 신간회 공주지회에서는 이 문제를 안건으로 상정했으나 일제 경찰이 금지하면서 논의가 이루어지지 못했다. 공주우성수리조합에 대한 토론도 이루어졌다. 주민들의 반대에도 불구하고 우성수리조합이 무리하게 설립되자 이에 대한 진상을 밝히기 위한 논의가 있었다. 1928년 9월에는 관북지방에서 큰 홍수로 이재민이 발생하자 구

신간회 공주지회 설립대회 기사(『동아일보』 1927년 9월 30일)

제금 마련을 위한 구제음악회를 이틀간 개최하기도 했다.

한편 신간회는 1930년 12월 사회주의자들에 의해 신간회를 없
애고 다른 조직을 만들자는, 이른바 '해소론'이 제기되었다. 민족주의자
들과의 협력보다는 사회주의 운동의 주도권을 강조하고 노동·농민 운
동의 혁명적 전개에 기초한 당 재건을 지시한 코민테른(1919년 모스크
바에서 설립된 공산주의 국제연합)의 한국 문제에 관한 『12월 테제』에
영향을 받은 사회주의자들은 신간회 지도부를 노동자와 자본가의 중
간계급인 소부르주아적 정치운동 집단으로 규정하면서 온건노선을 거
세게 비판했다. 결국 이러한 분위기 속에서 1931년 5월 15일 창립 이후

청년회관 터(신간회 공주지회)

처음 열린 신간회 전국대회에서 해소가 결의되었다. 신간회 해소 주장이
각 지역으로 확산되고 신간회가 해소되면서 신간회 공주지회도 해소된
것으로 보인다.

공주제일교회

공주의
1920~30년대 국내 독립운동_주

1)   『동아일보』 1925년 8월 18일, 「노동협성회」.

2)   『동아일보』 1925년 8월 25일, 「노동협성발기」.

3)   『동아일보』 1926년 1월 21일, 「노회창립준비」.

4)   『동아일보』 1926년 3월 2일, 「노동협성준비회」.

5)   『동아일보』 1926년 12월 19일, 「노동협성회 창립은 「3일」.

6)   『동아일보』 1926년 12월 22일, 「노동협성회 창립금지」 ; 일제 경찰의 노동협성회
      창립 금지 이유는 좀 더 면밀하게 분석할 필요가 있지만 주도 인물 중 사회주의
      혁신 세력이 포함되었기 때문은 아니었을까 한다. 대부분 지역의 유지 청년이었지만
      윤홍중, 문봉의, 서겸순, 신경순 등은 이후 공주 지역 사회운동을 이끌었다.
      특히 윤홍중과 서겸순은 1927년 7월 조선소년연합회가 창립될 때 윤홍중은
      창립준비위원, 서겸순은 중앙집행위원이자 체육부장으로 활동하였다(박철하,
      「청년운동」(한국독립운동의 역사30), 독립기념관 한국독립운동사연구소, 2009,
      244~255쪽).

7)   『동아일보』 1927년 1월 31일, 「소작제도개정을 관계당국에 진정」 ; 『조선일보』
      1927년 2월 5일, 「공주 소작인 일동 도군당국에 진정」.

8)   『동아일보』 1927년 2월 27일, 「노농회발기」 ; 『중외일보』 1927년 2월 28일,
      「화은리 노동회 창립준비」.

9)   『동아일보』 1927년 3월 9일, 「노동협성회 공주 화은서 조직」.

10)   『동아일보』 1927년 4월 15일, 삼처에 야학설치」 ; 『중외일보』 1927년 4월 30일,
      「공주노동야학 보급상황」.

11)   지수걸, 「일제하 농민조합운동 연구」, 역사비평사, 1993 473쪽.

12)   『동아일보』 1921년 5월 21일, 「가증한 지주의 횡포」 ; 『동아일보』 1921년 5월
      23일, 「소작제도를 설정」.

13)   『동아일보』 1927년 12월 27일, 「형간에 입연 작료를 수봉」.

14) 『동아일보』 1929년 5월 4일, 「소작권피탈 생로차저 방황」.

15) 『동아일보』 1931년 11월 12일, 「계룡, 화은의 작인도 진정」 ; 『조선일보』 1931년
11월 12일, 「계룡면에서도 작인동맹을 조직」.

16) 『동아일보』 1931년 11월 12일, 「백입여 소작인 결속 지주에게 6조건 요구」 ;
『조선일보』 1931년 11월 12일, 「공주 수백여 소작인동맹조직코 대항」.

17) 『동아일보』 1931년 11월 19일, 「소작인동맹 조직코 9개 조항을 결의」.

18) 『동아일보』 1931년 11월 19일, 「당국의 조정에 작인대표 불응」.

19) 『동아일보』 1931년 11월 26일, 「지주에게 항의코 회답을 요구」.

20) 『동아일보』 1931년 11월 20일, 「칠십명 결속 지주에게 요구」.

21) 『조선일보』 1931년 11월 18일, 「공주 일대 중심 소작쟁의 빈발」 ;
『동아일보』 1931년 11월 20일, 「칠십명 결속 지주에게 요구」.

22) 「조선일보」 1931년 11월 23일, 「쟁의해결까지 소작료 납부 거절」.

23) 『동아일보』 1931년 11월 28일, 「중장리 작인도 조합을 조직」.

24) 「조선일보」 1931년 11월 18일, 「쟁의속출 따라 경찰경계 극심」 ;
『동아일보』 1931년 11월 20일, 「지도유무의아 청맹간부취조」.

25) 『동아일보』 1928년 4월 4일, 「공주단일소년동맹 창립대회」.

26) 조선노동공제회에 대해서는 신용하, 「조선노동공제회의 창립과 노동운동」,
「한국사회사학회논문집」 3, 문학과 지성사, 1986 참조.

27) 『동아일보』 1922년 1월 18일, 「소식」.

28) 『동아일보』 1922년 1월 18일, 「소식」.

29) 조선노동공제회의 분열과 해체에 대해서는 신용하, 「조선노동공제회의 창립과
노동운동」, 「한국사회사학회논문집」 3, 한국사회사학회, 1989, 179~195쪽 참조.

30) 『동아일보』 1923년 12월 22일, 「노농대회에 참가한 단체 총수이십처」.

31) 『동아일보』 1924년 1월 18일, 「노농대회의 주최단체총회를」.

32)   신용하, 「조선노동공제회의 창립과 노동운동」, 「한국사회사학회논문집」 3,
       한국사회사학회, 1989, 179~195쪽 참조.

33)   『동아일보』 1922년 8월 31일, 「공주노동공제 강연」.

34)   신빈벌, 「조선노동공제회 제4회총회방청기」, 「신생활」제5호(황민호, 「일제하 잡지
       발췌 식민지시대 자료총서」사회운동 2, 도서출판 계명, 1992, 823~827쪽)

35)   『동아일보』 1927년 12월 11일, 「피압대책강구회」

36)   김용달, 「한국독립운동의 역사 16」(농민운동), 독립기념관 한국독립운동사연구소,
       2009, 48~51쪽.

37)   『동아일보』 1928년 3월 2일, 「배달부가 결속 일인국원 배척」.

38)   『동아일보』 1929년 4월 12일, 「공장대우에 불평 제사녀공맹파」.

39)   『동아일보』 1930년 4월 15일, 「감독이 폭행 백여명 맹파」.

40)   공주청년회에 대해서는 지수걸, 「한국의 근대와 공주사람들」, 288~301쪽 ; 허종,
       「1920년대 충남지역의 청년운동」, 「역사와 담론」 55, 호서사학회, 2010 참조.

41)   『동아일보』 1921년 7월 30일, 「청년수양회신임원」; 허종, 「1920년대 충남지역의
       청년운동」, 「역사와 담론」 55, 호서사학회, 2010, 142쪽.

42)   『동아일보』 1925년 4월 11일, 「노동야학 개교」.

43)   지수걸, 「한국의 근대와 공주사람들」, 공주문화원, 1999, 294쪽.

44)   지수걸, 「한국의 근대와 공주사람들」, 공주문화원, 1999, 293~294쪽.

45)   『동아일보』 1923년 1월 12일, 「공주청년임원결의」.

46)   『동아일보』 1923년 10월 8일, 「민대지방부 공주에 설립」.

47)   『동아일보』 1923년 11월 10일, 「민대공주군부 집행위원 활동」.

48)   『동아일보』 1925년 12월 5일, 「공주청년혁신」.

49)   『동아일보』 1927년 7월 27일, 「공주청년대회」.

50)   지수걸, 「한국의 근대와 공주사람들」, 공주문화원, 1999, 299쪽.

51)   지수걸, 「한국의 근대와 공주사람들」, 공주문화원, 1999, 300~301쪽.

52)   『동아일보』 1928년 4월 4일, 「충남 공주 단일소년동맹 창립대회」.

53) 『동아일보』 1928년 5월 1일, 「공주소년동맹」 ; 『동아일보』 1928년 5월 2일, 「공주소년동맹 간부2인 구류」.

54) 『동아일보』 1929년 11월 23일, 「공주소맹서면회」.

55) 『동아일보』 1927년 7월 2일, 「반성문 보낸 학생을 구타출학」.

56) 『동아일보』 1927년 7월 5일, 「공고맹휴내용」.

57) 『동아일보』 1927년 7월 7일, 「공주고보 맹휴확대」.

58) 『동아일보』 1927년 7월 8일, 「공고맹휴해결」.

59) 『동아일보』 1927년 7월 10일, 「공고재동요?」.

60) 『동아일보』 1927년 7월 24일, 「고보부형에 경고」.

61) 『동아일보』 1929년 12월 4일, 「6개조제출 공주고보맹휴」.

62) 『동아일보』 1929년 12월 10일, 「공주고보생 검거자 속출」.

63) 『동아일보』 1930년 3월 10일, 「공주양학생 유예로 판결」.

64) 『동아일보』 1930년 3월 10일, 「공주양학생 유예로 판결」.

65) 안병두의 비밀결사 활동은 「안병두 판결문」(소화8년 형공제24호, 1933년 2월 16일)과 지수걸, 「한국의 근대와 공주사람들」, 공주문화원, 1999, 310~318쪽 참조.

66) 「이용하 판결문」(소화9년 형공제55호, 1934년 3월 12일).

67) 『동아일보』 1927년 6월 24일, 「신간공주지회 발기」.

68) 『동아일보』 1927년 7월 29일, 「공주신간준비위원회」.

69) 『동아일보』 1927년 9월 30일, 「신간공주지회 설립대회 성황」.

70) 『동아일보』 1928년 1월 7일, 「신간공주대회」.

김 은 지

독립기념관 한국독립운동사연구소 연구원

2019.2.21. 단국대학교 대학원 문학박사학위 취득

2012.3.8.~2018.12. 남서울대학교 외래교수

2012.3~2012.7. 우송대학교 외래교수

〈수상경력〉

2019. 범정학술논문 최우수상

2014. 2014학년도 1학기 남서울대학교 우수강사상

2013. 2013학년도 1학기 남서울대학교 우수강사상

2009. 한국근현대사학회 제2회 우수논문상

공주인의
1920년대 이후
국외 독립운동

목차

유네스코 세계유산 마곡사(산사, 한국의 산지승원).
백범 김구가 1898~1899년에 은거했다.

'마곡(麻谷)을 향하야 안개를 헤치고 드러간다. 거름거름 드러간다.
한발걸음식 오탁세계(汚濁世界)에서 청량계(淸凉界)로, 지옥에서 극락으로,
세간(世間)에서 거름을 옮기어 출세간(出世間)의 거름을 거러간다.' 『백범일지』

이춘구는 1920년 임시정부의 충청북도 독판부 참사로 활동하였고, 이후 서울에 조선독립군 사령부 설치 임무를 부여받고 참모장에 임명되었다. 장수태는 공주인으로 교통국 교통부원으로 활동했고, 1922년 8월경 충남 보령에서 군자금을 모집하던 중 일제에 체포되었다. 오익표는 3·1운동이 일어나자 공주에서 만세운동에 참여했고, 이후 임시정부 임시의정원의 충청도 의원으로 뽑히기도 했으며, 청년단의 통신부장으로 활동하던 중 충청도 구급의연금모집위원으로 선출되어 활동했다. 윤태현은 1940년대 임시정부의 국군인 한국광복군에서 활동한 유일한 공주인이다. 1945년 한미합작 특수훈련에 참가하여 국내 진입작전에 대비하면서 독립운동을 전개했다. 이관직은 만주로 망명하여 신흥강습소 군사교관으로 활동했다. 그는 대한제국 진위보병 제2대대에서 복무하다가 1907년 일제가 대한제국 군대를 강제로 해산하자 경상북도 안동으로 가 협동학교를 설립했다.

이은숙은 1910년 남편 이회영 및 그 일가족과 함께 중국으로 이주하여 신흥무관학교 설립 등 독립운동기지 개척에 일조한 여성이다. 이호원은 한족회와 정의부 설립에 참여하는가 하면 교육을 통한 독립운동에 투신했다. 중국에 망명하여 교편을 잡던 중 그는 3·1운동 소식을 듣고는 한족회에 가입하였고, 한족신보 발행에 참가하여 편집사업을 담당했다. 또한 그는 광한단 조직 결성에 참가하여 간의부 위원을 맡아 활동했다. 1921년 3월 이호원은 군자금을 마련하기 위해 입국했고 서울에서 지하활동을 하던 중 체포되었다. 출옥한 이호원은 1928년 중국 요령에 망명하여 독립운동을 전개했다. 그러나 1932년 1월 흥경현에서 조선혁명당

회의를 개최하던 중 일본군의 급습을 받아 체포되고 말았다. 공주인인 김형동은 1915년 대종교의 서일 · 현천묵 등과 같이 항일운동을 전개했다. 이후 만주로 망명하여 1919년에는 북로군정서에 가입, 청산리 대첩에 참가했다. 김형동은 중국 운남육군강무학교 기병과에 입학했다. 1924년에 졸업한 뒤 이듬해부터 상하이에서 철혈단 단장으로 활동했다. 그는 1937년 입국 도중 일경에 체포되는가 하면 창씨 개명을 거부하여 일제에 탄압을 받았다. 광복 후에는 임시정부 광복군예비대대의 총사령직을 맡아 활동을 했다. 이 외에 강범진의 활동도 있다. 1927년 만주로 망명하여 독립군에 가담했으며 1932년 중국 항일구국군 총사령부 특무소위로 활약했다. 1933년 3월 중국군과 합작하여 작전을 수행했으나 체포되었다. 옥고를 치른 이후, 한국독립당에서 활동했다.

김만제는 1928년 1월 용상청년회 창립준비위원회를 개최하여 창립 규약 초안 및 의안 작성위원으로 선출되었다. 이후 일본에 건너가 신학공부를 했다. 김만제와 신학생들은 유학생들에게 항일의식을 심었다. 김만제는 일제가 태평양전쟁을 일으키며 재일 한인 유학생을 탄압할 때 일경에 체포되었다. 정낙진은 일본 내에서의 투탄활동을 계획한 인물이다. 그는 도쿄철도학교에 재학하던 1941년 12월, 항일비밀결사인 '우리조선독립그룹'에 가입했다. 회원별로 활동구역을 분담한 뒤 계획을 추진하는 과정에서 일경에 발각되어 1942년 3월 피체된 뒤 혹독한 고문을 받았다.

이관직

　　일제강점기 공주 지역에서는 만세시위운동, 동맹휴교 투쟁, 사
회운동 등 다양한 형태의 민족운동이 펼쳐졌으며 많은 독립운동가가
배출되었다. 특히 3·1운동 이후 활발히 전개된 학생운동과 사회운동이
1920~30년대 공주에서의 독립운동을 이어주었다. 이에 비해 국외 지역
에서 독립운동에 참여한 공주인은 많지 않다. 그렇지만 그들은 제한적
인 여건에서도 각각의 방식대로 제 역할을 충실히 수행하며 독립운동
을 이끌어나갔다.

　　대표적인 인물로는 신흥무관학교 건설에 참여하고 이를 운영
해나간 이관직과 우당 이회영의 부인이자 이규창의 어머니, 이은숙을 들
수 있다. 1940년대에 이르면 조선을 식민지배하고 있던 일본 내에서 유
학생 신분으로 독립운동을 이끈 놀라운 사례도 나타난다. 오익표, 김만
제, 정낙진이 그 주역이다. 오익표는 3·1운동 이후 상하이로 건너가 대한
민국 임시정부 임시의정원의 충청도 의원으로도 활동했다.

1

중국에서
독립을 외치다

1) 대한민국 임시정부에서의 활동

공주 출신 독립운동가들이 가장 많이 활동한 국외 지역은 중국 방면이었다. 중국은 1910년대부터 해방을 맞이하기까지 독립운동의 메카로 불리던 곳이었다. 이러한 중국 내 독립운동의 주요 계열은 대한민국 임시정부(이하 임시정부)와 만주 독립군이 있다. 공주인들 역시 상하이에서 임시정부에 참여하는가 하면 만주로 가 독립군으로 활동하기도 했다. 그 대표적인 공주인으로는 임시정부에서 활동한 이춘구, 장수태, 오익표, 윤태현이 있다. 만주 방면에서 활동한 인물로는 강범진, 김형동, 이관직, 이은숙, 이호원이 있다. 이들은 서로 관계를 맺고 활동을 한 것으로는 보이지 않으나 이 당시 중국 방면의 대표적인 독립운동 계열이었기에 대다수의 공주인들이 임시정부와 만주 독립군에서 활동한 것으로 보인다. 이들 공주인 중 임시정부에 참여한 인물들의 행적을 먼저 따라가 보자.

대한민국 임시정부 청사

이춘구(李春求)의 본적은 공주 장기면 평기리 166번지이며 이광일이라는 이름도 사용했다. 이춘구가 언제 상하이로 떠났는지는 확실하지 않으나 1920년 임시정부의 충청북도 독판부 참사로 활동한 것으로 나타난다.[1] 임시정부는 국내 활동의 기반 마련과 국내 행정을 장악하기 위해 내무부 관리 아래 지방제도를 두고 지방행정구획을 정했다. 1919년 7월 10일 국무총리와 내무총장 이름으로 발표한 「국무원령 제1호 임시연통제」를 통해 행정기구인 연통부를 국내와 외국거류지에 설치했다. 이는 정부와 국민이 떨어져 있는 한계를 극복하고 독립운동을 이끌고자 한 것이다. 또한 연통부를 3등급으로 나누어 각 도에 감독부, 각 군에 총감부, 각 면에 사감부를 둘 것을 명시했다. 지휘체계는 감독부에는 감독과 부감독을, 총감부에는 총감과 부총감을, 사감부에는 사감을 대표직으로 임명하고자 했다.

　　이춘구가 임명된 충청북도 독판부는 임시정부의 지방행정관청 중 도 단위에 설치된 조직이며, 그의 직책인 참사는 독판부의 최고 수장인 독판 다음의 지위로 실무부서장에 해당된다. 독판부의 소속 부서를 살펴보면, 비서실·내무사·재무사·교통사·경무사를 두어 관련 업무를 맡게 했다. 비서실은 하위 부서 없이 관인관수, 기밀, 인사, 포상에 관한 사항이 주 업무였다. 비서실 책임자는 각 사의 하위 부서인 과의 책임자와 같은 직위인 주임으로 칭했다. 비서실은 도 하위 지방 단위 부·군에는 설치되지 않은 독판부 유일 부서이다. 내무사·재무사·교통사·경무사의 수장은 각 부서명을 따라 내무사장, 재무사장, 교통사장, 경무사장 또는 도참사라고도 불렀다. 도참사, 즉 사장은 독판의 명령을 받아 해당 사의 업무를 관장했다. 독판이 지금의 도지사라면 참사는 도청의 주요 행정부서장에 해당된다.

　　임시정부가 지방행정구획을 정리하고 관청을 설치하며 각종 관제를 재구성하고자 한 것은 일제의 제도를 거부하고 임시정부의 독자적인 지방자치제도를 실현하기 위한 노력으로 이해할 수 있다. 또한 임시정부는 독판부·부서·군청·면소의 도·부·군·면 청사 용어를 사용함으로써 독자적인 지방행정관 체계를 만들었다. 당시 임시정부는 직원을 임명할 때 국내 정보를 얻고 영향력을 효율적으로 발휘하기 위해 출신지를 염두에 두었다.[2] 그런데 이춘구는 공주 출신임에도 충청남도가 아닌 충청북도 독판부의 직원이 되었다. 그 까닭은 인력운영의 한계 때문이 아닐까 생각된다. 충청북도 출신자들 중 임시정부의 지방행정조직에서 활동할 수 있는 인물이 많지 않았기에 이춘구가 임명된 것으로 보인다. 이에 이춘구는 충청북도 괴산을 무대로 활동했다.

　　이춘구는 독판부 참사로서 임시정부에서의 활동을 마치고 다음 해인 1921년 박용만과 연계하여 활동한다. 박용만은 미국 네브래스카에서 독립운동과 인재양성을 목적으로 한 한인소년병학교를 설립했다. 임시정부 수립 이후엔 외무총장에 임명되었으나 활동하지는 않았다. 다만 하와이를 떠나 중국 베이징에서 임시정부를 반대하는 세력들과 관계하며 군사통일촉성회를 결성하는 등 무력을 통한 독립운동에 매진했다.[3] 이춘구는 서울에 대조선독립군 사령부 설치 임무를 부여받고 참모장에 임명되었으나 이 정보가 일제에 발각되면서 더 이상의 활동이 불가능해졌다.

일경에 체포된 이춘구는 1921년 12월 14일 경성지방법원에서 징역 1년을 받았다. 이에 항소했으나 1921년 12월 24일 경성복심법원에서 소취하로 형이 확정되어 옥고를 치렀다. 정부는 그의 공훈을 기리며 2012년 건국훈장 애족장을 추서했다.[4]

이춘구와 비슷하게 1920년 임시정부의 국내 행정조직에 참여한 공주인으로 장수태(張壽泰)가 있다. 장수태의 본적은 공주군 대화정 112번지이다. 그는 임시정부가 정보수집과 군자금 모집 등을 위해 국내에 교통기관으로 설치한 교통국 교통부원으로 활동했다. 임시정부의 국내 행정 및 교통정보 장악을 위한 활동에 참여했으나 중국으로 망명하여 독립운동을 전개하지는 않았다. 장수태는 1922년 8월경 충청남도 보령군 대천면 대천리에서 임시정부 교통부 참사 윤응염과 함께 군자금을 모집하던 중 일제에 체포되었다. 경성지방법원에서 징역 1년 6월을 선고받았다. 정부는 그의 공훈을 기리며 2009년 건국훈장 애족장을 추서했다.[5]

다음으로 임시정부에 참여한 오익표(吳翼杓)가 있다. 그의 본적은 공주군 주외면 옥룡리 218번지로 공주 영명학교에서 수학하고 서울 감리신학교를 졸업했다. 이후 일본 도쿄의 청산학원으로 유학을 떠났는데 1918년 항일운동을 벌이다가 고향으로 돌아왔다.

오익표는 3·1운동이 일어나자 공주에서 시위에 참여했다. 이후 4월 11일 임시정부가 수립되자 상하이로 망명하여 오늘날 입법부(국회)

오익표

에 해당하는 임시의정원의 충청도 의원으로 뽑혔다. 그해 5월 4일 임시
정부를 지원할 목적으로 상하이한인청년회 내에 청년단을 조직했다. 청
년단의 통신부장으로 활동하던 중 5월 12일 제4회 임시의정원 회의에
서 충청도 구급의연금모집위원으로 선출되어 활동했다.[6]

　　　같은 해 8월 러시아령 우수리스크의 한민학교에서 전국청년연
합회를 조직하자 유영락을 회장으로 추대하고 자신은 부회장에 선출되
었다.[7] 한민학교는 전신인 계동학교를 확대·개편한 것으로 1912년 3월
신한촌에 세운 4년제 고등소학·중등과정의 민족교육기관이었다. 1911년
러시아 블라디보스토크에서 창립한 항일독립운동단체인 권업회는 민족
주의를 불어넣기 위해 한인 학교인 계동학교를 설립했었다. 권업회가 민
족주의 교육의 중추기관으로 삼은 한민학교는 처음에 블라디보스토크
시내의 오랜 한인 거주구역인 개척리에 있었으나 러시아 당국이 페스트
유행 등 위생문제를 빌미로 시 북쪽 변두리 지역 아무르만이 내려다보
이는 언덕지대의 신한촌으로 강제 이주시켰다.

권업회 교육부는 한민회와 공동으로 1912년 3월 240명을 수용하는 규모의 교사를 이곳에 지었다. 현관, 정문과 각 실내에는 태극문양을 새겨 넣어 민족주의 교육이념을 상징했다. 예산은 총 4,698루블로 이 중 2,000루블은 권업회 부회장인 이종호와 일제강점기 직후 순국한 이범진이 유언으로 각각 1,000루블씩 기증한 것이다.

　　이 학교는 약 109만 2,500m^2나 되는 개간 경작토지까지 대부받아 그 수익으로 학교 경비를 충당했다. 한민학교는 교장, 교감 이하 교사 26명으로 인건비 지출만도 연간 8,580루블에 달했다. 학생은 모두 기숙사에서 지냈는데, 비용은 연간 1,680루블이었다. 교과목은 성경·윤리·국어·외국어·수학·역사·창가·체육 등 기초 교양과목과 실업 분야 전공과목을 이수하도록 구성되었다. 1학년은 상업대요·농업대요·목축학·경제학·비료학·회사법, 2학년은 부기학·식물학·토양학·동물학·재배론·기상학, 3학년은 공업대요·물리학·임업대요·어험범·건축공학·은행론, 4학년은 화폐론·화학·광물학·기계학·전기학·해상법·부해양학(附海洋學) 등이었다. 이런 교과 내용으로 보아 학생들은 민족의식 고양과 아울러 근대사회에 필요한 전문지식도 습득했음을 알 수 있다.

　　민족의식 고취는 한민학교에서 특히 역점을 둔 교과내용으로 학생들이 배우고 부르던 창가도 '보국가', '대한혼', '국기가', '운동가', '국민가', '소년건국가', '한반도가' 등으로 모두 이러한 취지에 따라 불렀다.[8] 오익표는 임시정부를 떠난 뒤 민족교육계에 이바지하며 독립운동을 이어나갔다. 그 후 그는 소성학교를 설립해 운영하다가 러시아에서

윤태현

서거했다. 정부는 그의 공훈을 기리며 1968년 대통령표창을, 1991년 건국훈장 애국장을 추서했다.[9]

　　앞서 언급한 이춘구, 장수태, 오익표가 임시정부 수립 초기인 1920년대 초에 활동했다면 윤태현(尹泰鉉)은 1940년대 임시정부의 국군인 한국광복군에서 활동한 유일한 공주인이다. 윤태현의 본적은 공주 장기면 하봉리이다. 그는 3·1운동이 일어난 1919년생으로 일제에 나라를 빼앗긴 시대에 태어난 인물이다. 독립국에서 살아본 적이 없음에도 항일정신이 투철했던 윤태현은 공주소학교를 졸업하자 항일독립운동의 뜻을 품고 중국 시안으로 건너갔다. 1940년경 한국청년전지공작대에 입대하여 1940년 중국전시 간부훈련단 제4단 내에 특별히 설치된 한국청년특별훈련반에서 9개월간의 군사훈련을 받았다.[10]

　　한국청년전지공작대는 임시정부가 한국광복군을 결성하기 전 병력을 모으기 위한 조직이었다. 1939년 11월 시안에 도착한 한국청년전지공작대 대원 16명은 중국군 제34집단군 사령관 호종남의 지원을 받아 1940년 2월 서북대학 구내의 중국 중앙전시 간부훈련단 제4단에 설치된 한국청년훈련반 제1기생으로 입교했다. 1기생은 3개월 과정의 군사훈련을 받은 후 중국군 소위로 임관했다. 훈련생 중 이해평 등 일부는 졸업하기 전인 1940년 5월에 전방으로 파견되어 군 지망자를 모으는 활동, 즉 초모 공작을 전개했다.

초모 공작을 통해 한국청년전지공작대에 입교한 청년 수는 100여 명에 달했다. 이들을 중심으로 1941년 2월 50여 명의 한청반 2기생을 구성했다. 제2기부터 훈련생 숫자가 많아지면서 독자적인 한국청년훈련반이 정식으로 설치되는 계기가 되었다. 1941년 1월 청년전지공작대는 한국광복군 제5지대로 편제된 후 한국광복군의 주력부대로 성장했다. 본부의 주임은 주천로, 부주임은 유대균, 주임교관은 송수창, 대장은 나월환, 정치지도원은 채승덕, 조리지도원은 중국인 허복창과 한국인 이하유 등이 각각 담당했다. 그리고 현이평이 조선어와 역사를, 이하유가 조선혁명사를 가르쳤다. 한국청년훈련반은 초기에 2개 구대로 편성되었다가 대원이 증가하면서 3개 구대로 확대 개편되었다.[11]

이처럼 청년전지공작대가 한국광복군 제5지대로 편제되면서 윤태현은 광복군으로서 군사훈련을 받았다. 이후 광복군 제5지대로 있던 청년전지공작대가 1942년 4월 재편됨에 따라 그는 광복군 제2지대에 소속되었다. 광복군 제2지대와 제3지대가 미국 전략첩보기구인 OSS와 합작하여 공동작전을 전개하자 이에 참가하여 3개월 동안 특수작

OSS 대원과 이범석

전에 필요한 정보·파괴 등의 훈련을 받았다. 1945년 한미합작 특수훈련
(OSS 훈련)에 참가하여 국내 진입작전에 대비하면서 독립운동을 전개
했다.

　1945년 8월경 국내 진입작전 계획에 따라 광복군에서는 이범석
을 지휘관으로 하는 국내정진군 총지휘부를 설치하고 제2지대의 특수
훈련반을 국내 각지로 진입시킬 계획을 세웠는데, 윤태현은 국내정진군
제2지구 충청도반에 편성되어 국내 진입작전을 준비하던 중 광복을 맞
게 되었다. 윤태현은 1999년 건국훈장 애국장에 추서되었다.12)

2) 만주 독립군 계열에서의 활동

공주인 중 만주 방면에서 독립군으로서 활동한 인물로는 강범진, 김형동, 이관직, 이은숙, 이호원이 있다. 이들은 말도 통하지 않고 척박한 땅에서 우리나라의 독립을 위해 온 힘을 다 쏟았다.

이관직(李觀稙)은 만주로 망명하여 신흥강습소 군사교관으로 활동했다. 신흥강습소의 교관으로 활약하게 된 데에는 그의 이력이 배경으로 작용했다. 공주 정안면 사현리 220번지를 본적으로 둔 이관직은 1900년에 대한제국 육군무관학교 보병과에 입학하여 3년가량 군사교육을 받은 뒤 1903년 9월 20일 졸업했다. 1905년 4월 18일부터 육군연성학교에서 육군 보병 참위로 근무했고 1907년 4월 30일부터는 육군보병 부위로서 진위보병 제2대대에서 복무했다.13)

1907년 일제가 대한제국 군대를 강제로 해산하자 유인식·김동삼·하중환·안상덕·김기수와 함께 경상북도 안동으로 가 협동학교를 설립했다.14) 협동학교는 나라의 지향은 동국(東國)이요, 향토의 지향은 안동(安東)이며, 면의 지향은 임동(臨東)이므로 '동'을 택했고, 안동군 동쪽에 위치한 7개 면이 힘을 합쳐 설립한다는 뜻에서 '협'을 붙여 '협동'이라 이름을 지었다. 협동학교는 청년 유림을 모아서 신지식을 가르치는 중등과정으로 국권회복에 앞장설 주역을 양성하기 위한 목적에서 설립되었다.15)

협동학교는 신민회의 도움을 받아 교사들을 섭외해 서울에서 안동으로 데려올 수 있었다. 신민회와 협동학교의 교육목표와 지향점이 같았기 때문에 의기투합할 수 있었다. 이러한 관계 속에서 이관직은 신민회에 참여하여 독립운동 전선에 본격적으로 뛰어들게 되었다. 한편 신민회는 1907년 안창호·양기탁·전덕기·이동휘·이동녕·이갑·유동열이 창건 위원이 되고, 노백린·이승훈·안태국·이시영·이회영·이상재·윤치호·이강·조성환·김구·신채호·이종호·주진수 등이 중심이 되어 비밀결사로 창립되었다. 신민회는 국권회복의 방법으로 전 분야에 걸쳐 계몽활동을 전개하고자 한 단체였다. 특히 신민회는 일제가 대한제국 군대를 강제로 해산시킨 직후에 해외 독립군 기지 개척과 독립군 창건의 필요성을 절감하고 이를 논의하기에 이른다. 이에 서울의 양기탁 집에서 전국 간부회의를 개최하여 해외에 적당한 후보지를 물색한 뒤 무관학교와 독립군 기지를 설립하여 독립군을 양성하자고 결정했다.

이러한 신민회의 활동을 감지한 일제는 '안악사건'과 '105인 사건'을 일으켜 신민회 회원들을 가두었다. 안창호·이동휘·김희선 등 신민회 간부들이 구속되었으나 이회영·이동녕·장유순 등 주요 인사들은 망명하여 독립군 기지 건설에 착수할 수 있었다. 이때 이관직도 함께 망명하여 독립군 기지 후보지를 물색하는 등 노력을 지속했다. 이들은 일제의 엄중한 단속을 피하기 위해 백지 장수로 변장하여 만주로 향했다.

이들 일행은 상인들처럼 물건을 어깨에 메고 일제 군경의 감시망을 피해 압록강변의 초산진으로 가 어두워지길 기다렸다가 압록강

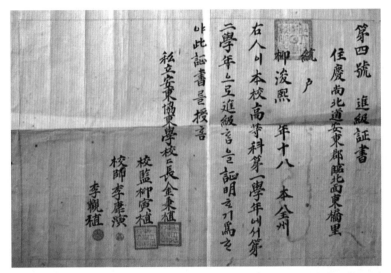

협동학교 진급증서

을 건넜다. 안동현에 도착하자마자 다시 500리 되는 횡도촌으로 갔다. 이곳에 임시거처를 마련하고 이동녕의 친족을 미리 안착시켰다. 그 식구들에게 앞으로 망명해 올 동지들에게 편의를 제공해줄 것을 당부하고 양곡과 김치도 준비하게 하는 치밀함을 보였다. 이들은 주위 산하를 세밀히 정찰하며 독립운동기지 후보지를 물색한 다음 국내로 무사히 귀환했다.

1911년 봄 독립운동기지 건설 후보지 답사 결과에 따라 봉천성 유하현 삼원보에 동포사회를 형성하고 운영해나갈 한인 자치조직인 경학사를 건설했다. 경학사의 설립 취지는 경학사의 사장으로 임명된 이상룡이 작성한 「경학사취지서」를 통해 알 수 있다.

'추가가 마을'에는 독립군 양성을 위해 신흥강습소를 창설했다. 신흥강습소는 무관학교로서 설립됐으나 이러한 설립목적이 중국 봉천성 당국에 알려지면 학교의 운영이 어려워질 수 있었기에 대외적으로는 신흥학교·신흥중학교로 알렸다. 초대 교장은 이상룡이 맡았고 여준과 이광, 이세영 등이 차례로 교장을 역임했다. 교관은 대한제국 무관학교 출신들과 신흥강습소 졸업생들이 맡았다.16)

이관직은 학교 발기인으로 참여한 것 외에도 대한제국 군대에서 활동한 경험으로 이동녕·윤기섭·이광·김창환 등과 함께 신흥강습소의 군사교관에 임명되어 사관생도들의 훈련을 담당했다.17) 신흥강습소, 즉 신흥무관학교는 많은 독립군을 배출하여 이들이 1920년대 봉오동전투·청산리전투에서 중추적 역할을 하며 일제와의 독립전쟁에서 승리를 가져다주었다.

이관직은 독립군 양성에 힘을 쏟는 한편 경학사를 조직한 본래 취지에 따라 육영영농에 필요한 자금을 마련하는 데 힘썼다. 1916년 국내에 입국하여 독립운동자금(군자금) 모집활동 중 1919년 3·1운동이 일어나자 배재학당의 학생 동원 책임자로 활약했다. 그러다 이러한 일들이 일제 헌병에게 발각되어 옥고를 치렀다. 정부는 그의 공훈을 기리며 1990년 건국훈장 독립장을 추서했다.18)

이처럼 만주로 망명하여 독립군을 양성하는가 하면 한인기지를 개척하는 데 힘쓴 이관직과 함께 활동한 공주인 독립운동가가 있다.

정안 사현리의 이관직 집터

바로 이회영의 부인 이은숙(李恩淑)이다. 이은숙은 이관직과 같은 정안
면 사현리 출신으로 1910년 남편 이회영 및 그 일가족과 함께 중국 지
린성 유하현 삼원보로 이주하여 신흥무관학교 설립 등 독립운동기지
개척에 일조한 여성이다.

      이은숙의 활동을 알기 위해선 남편 이회영의 행적을 추적할 필
요가 있다. 이회영은 서울 남산골(저동)에서 이유승의 넷째 아들로 태어
났다. 그의 부친은 이조판서를 지냈고 10대조는 임진왜란 이래 다섯 번
의 병조판서, 세 번의 좌·우정승과 영의정을 지낸 백사 이항복이다. 백사
이래 이유승에 이르기까지 대부분 정승·판서·참판을 지낸 손꼽히는 조
선의 대표적인 명문가로서 대대로 문벌이 높은 집안이라 하여 '삼한갑
족'이라 불렸다.

이회영은 명문가 출신임에도 불구하고 기득권이나 권위의식 없이 진정한 '노블레스 오블리주'(지도층 가문에서 사회적 의무를 다하기 위해 솔선수범하는 것)를 실천한 인물이다. 이회영은 "이제 제왕정치의 시대는 갔고 사민 자유평등의 시대가 왔으니 우리의 전통과 습성을 생각하며 시대의 조류에 따라서 새 나라 건설 이론을 확립하여야 한다"라고 피력했다. 이런 신념에 대해 이은숙은 "우당장 한 분이 옛 범절과 상하의 구별을 돌파하고, 상하존비들이라도 주의만 같으면 악수하고 동지로 대접했다"라며 남편의 신념을 회고했다.

이회영 일가는 7형제 중 무려 6명의 형제가 모든 가산을 독립운동에 바쳤다. 1910년 국치를 당하자 이 가문에서 우당을 비롯해 형 건영, 석영, 철영과 아우인 시영, 호영 등 6명의 형제 60여 가족이 모두 만주로 가 항일투쟁의 기틀을 마련하고 독립운동을 전개했다. 이들이 망명하기까지는 이회영의 설득이 컸다.

이렇게 하여 6형제는 비밀리에 가산과 전답을 모두 팔아 조국을 떠나 새로운 독립운동 기지를 만들기 위해 망명길에 오르게 되었다. 많은 재산을 한꺼번에 서둘러 처분하다 보니 헐값에 처분할 수밖에 없었다. 그럼에도 워낙 많은 가산이다 보니 한 달 가까이 걸려 약 40만 냥의 거금을 마련할 수 있었다. 지금의 시세로 바꿔 계산하면 수백억 원에 이르는 거금이다.

이회영과 이은숙, 그리고 그들의 일가는 12월 30일 압록강을 건넜다. 서간도와 삼원보 일대에 도착하자 초가을부터 내린 눈이 녹지 않고 계속 쌓여 얼음눈이 되어 있었다. 지독한 추위와 함께 풍토병에도 시달려 많은 고생을 했다. 특히 그녀의 아들 규창은 5세였는데, 백일해에 걸렸다. 환자가 당나귀에 입을 맞추면 병이 낫는다는 민간요법 말고는 마땅한 약이 없었기에 민간요법을 따를 방도밖에 없었다. 이 외에도 흉년으로 극심한 기아에 시달리는가 하면 마적떼의 습격을 이겨내야 했다. 이은숙은 이때 목숨을 잃을 뻔했다.

1913년 음력 10월 20일 새벽 4시쯤 마적떼 50~60명이 마을을 덮쳐 총을 함부로 쏘았다. 이때 이은숙은 어깨에 관통상을 입고 피를 흘리며 쓰러졌다. 이은숙은 3세 된 딸 규숙과 생후 6개월 된 규창을 꼭 껴안아 두 남매를 지켰다. 그러나 이은숙의 총상이 커서 40일간 치료를 받고서야 회생할 수 있었다.

이러한 고난 속에서도 신흥무관학교와 경학사에서는 한인들의 독립을 위한 노력이 계속되었다. 이회영은 신흥무관학교 부지 매입과 건립 등 전 과정을 주관했음에도 아무런 직책을 갖지 않았다. 드러내기를 싫어하고 명예에 얽매이는 것을 원치 않는 그의 천성을 엿볼 수 있다. 이은숙은 남편 이회영을 내조하며 그가 독립운동에 집중할 수 있도록 도왔다. 이은숙과 함께 부인들은 무관학교 학생들을 뒷바라지하며 독립운동을 지원했다. 함께 활동하던 이시영의 부인 박씨는 이때 과로사하고 말았다. 척박한 환경에서 100여 명에 이르는 학생과 교관을 뒷바라지하는 일은 이처럼 목숨을 담보로 하는 것이었다.

이은숙은 남편 이회영이 홀로 국내로 들어갔다 다시 만주로 오기까지 신흥무관학교 학생들을 뒷바라지하는 데 집중했다. 광무황제가 붕어하자 이회영은 3·1운동의 전개를 지시하고 인산(황제의 장례) 전에 조선을 떠나기로 결정했다. 3·1운동 전에 미리 해외로 가 만세운동을 동조하고자 한 것이다. 이회영은 아들 규학에게 자신이 고국을 떠난 것을 절대 비밀에 부치라고 당부한 뒤 중국 베이징으로 떠났다. 이회영은 베이징 자금성 북쪽 고루 근처인 후고루원 소경창호동에서 가옥 한 채를 빌려 거주했다. 이곳은 한국 독립운동가의 근거지로도 쓰였다. 이관직도 이회영과 독립운동을 논의하기 위해 수시로 드나들었다.

이관직 외에도 국내외에서 독립운동을 하는 사람들은 쉴 사이 없이 이회영 집에 와 머물렀다. 매일같이 10명, 20명 혹은 30~40명 되는 독립운동가들이 점심과 석식을 하게 되는데 이를 지원한 이는 이은숙이었다. 이처럼 이회영의 집에 머무르며 이은숙의 내조를 받아 독립운동에 투신한 대표적인 인물로는 민족주의 길을 고수한 김규식·김창숙·안창호·조소앙과 공산주의 계열의 홍남표와 성주식이 있다. 아나키스트(무정부주의) 계열의 류자명·이을규·이정규·정화암·김종진과 의열단 지도자인 김원봉과 유석현도 이회영의 거처에 머무르며 독립운동을 전개해나갔다.[19] 요컨대 이회영의 베이징 거처는 한국 독립운동사의 모든 노선과 온갖 성향의 독립운동가들이 공통의 목적을 가지고 인연을 맺는 사랑방이 되었다. 그러나 이러한 지원으로 이회영이 2년 동안 지게 된 빚은 2,000~3,000원에 이르렀고 이회영과 가족들은 생활고를 겪을 처지에 놓였다. 이에 이은숙은 1925년 임신한 몸으로 귀국하여 독립운동자

우당 이회영
(우당기념관 제공)

우당 이회영의 부인 이은숙
(우당기념관 제공)

1970년 우당 이회영 국립현충원 이장식(앉은 열 중앙이 이은숙_우당기념관 제공)

금 조달과 독립운동가들의 활동을 지원했다. 이은숙은 매일 빨래하고 주야로 옷을 지어도 한 달 수입이 겨우 20원가량에 머물렀으나 돈이 모이는 대로 이회영에게 부쳐 독립운동을 지원했다.

　　이은숙이 국내로 돌아간 이후 이회영이 순국하는 1932년까지 부부는 영원히 만나지 못하게 된다. 이회영이 베이징에서 만주로 가던 중 대련 수상경찰에 체포되어 고문으로 순국했기 때문이다. 이때 이은숙은 영원히 이별할 줄 알았더라면 고국으로 돌아오지 않고 죽을 때 같이 죽었을 것이라며 고통스러워했다.[20] 비록 이은숙은 무기를 들고 직접 독립운동에 나서지는 않았으나 독립운동 뒷바라지에 자신의 삶을 바쳤다. 잘해야 하루에 한 끼만 먹을 수 있을 정도로 생활이 곤궁했으나 매일같이 방문하는 독립운동가들에게 헌신적인 지원을 아끼지 않았다. 정부는 그녀의 공훈을 기리며 2018년 이은숙에게 건국훈장 애족장을 추서했다.

이관직과 이은숙처럼 서간도로 망명하여 독립군 기지를 개척하고 독립군을 양성하는 일에 참여한 국외 독립운동가 외에도 만주에서의 교육을 통해 독립운동에 참여한 공주인이 있다. 이호원은 한족회와 정의부 설립에 참여하는가 하면 화흥중학교 교원으로 활동하며 교육을 통한 독립운동에 투신했다.

이호원(李浩源)은 공주군 장기면 월송리 192번지에서 태어났다. 그의 호는 송강이고 다른 이름으로 이호언, 강덕재, 이효원, 이갑원 등을 썼다. 그는 가난한 소작농의 집안에서 태어나 1909년 19세가 되어서야 보통학교에 입학할 수 있었다. 공주공립보통학교에 다닌 이호원은 학교 수업을 통해 조선어, 한문, 일본어, 산술, 이과를 공부했다. 이후 경성고등보통학교에 다니던 이호원은 반일 문장을 소책자로 내어 학교 학생들에게 돌리면서 반일의식을 심었다. 1915년 2월에 있었던 일본 수학여행에서는 동창생들과 함께 일본에 대한 실지 고찰에 결부시켜 반일투쟁 문제를 토론했다. 여행 기간 그는 많은 반일문장을 써서 소책자로 묶어 돌려보기도 했다. 또한 재학시절 주시경이 강의하는 조선어전문강습소에 참가하여 주시경이 하는 고대조선어와 현대 조선어문법 강의를 들었으며 조선어에 대하여 깊이 연구했다. 그러나 일제의 지속적인 간섭

271

이호원

에다가 주시경마저 사망하자 강습소는 1917년까지 운영되다 폐원했다. 이호원은 중등과 제4회 수업까지 들을 수 있었다.

이후 경성고등보통학교 졸업 후 공주 유구공립보통학교 교원이 됐으나 교편을 잡은 지 얼마 되지 않아 과거에 작성한 반일적인 일기가 일경에 발각되어 훈도직을 그만두게 되었다. 이에 일제의 감시를 피해 1915년 5월 만주로 망명을 결행했다.

중국 요령성 신빈현 홍묘자촌으로 망명한 그는 흥동소학교, 즉 흥동학교에서 교편을 잡았다. 그는 1919년 3·1운동 소식을 듣고는 교직을 접고 독립군으로 변모하기 위해 한족회에 가입했다. 한족회에서는 기관지인 『한족신보』 발행에 참가하여 편집사업을 담당했다. 그는 1920년 한족회의 지도자인 현정경, 현익철, 이시열 등과 함께 국내에서 온 장명환, 김관성, 이춘산 등 40여 명과 관전현 향로구에서 광한단(일명 의흥

단)을 조직했다. 이호원은 간의부 위원을 맡아 활동했다. 광한단의 구성 인원은 대개 서로군정서 관계자 및 독립단, 광복군, 독립청년단 관계의 지식계급 청년 동지자로 이뤄져 있었기 때문에 단원 상호간에 이해와 협조가 잘 되었다.

광한단의 주요 목적은 조선 국내 각지에 지하망을 건립하여 교량, 우정통신, 철도를 파괴함으로써 일제의 식민통치 질서를 교란하고 나아가서는 정규 군대를 건립하여 독립전쟁을 일으키는 데 있었다. 따라서 광한단원의 국내 활동은 일찍부터 전개되었다. 이러한 관계 속에서 1921년 3월 이호원은 군자금을 마련하기 위해 입국했고 서울에서 지하활동을 하던 중 체포되었다.

출옥한 이호원은 1928년 요령 신빈현 왕청문으로 재차 망명하여 독립운동을 전개했다. 그는 만주의 독립운동 단체인 정의부가 설립한 화흥중학교에서 교편을 잡고 학생들에게 반일사상을 일깨워주는 등 민족의식 교육을 전개했다. 정의부는 1924년 11월 24일 대한통의부, 고본계, 서로군정서, 길림주민회, 광정단, 노동친목회, 의성단, 잡륜자치회 등의 독립운동 단체가 통합을 의결하고 설립한 단체로, 경제와 산업 교육에 힘쓰고 광복사업에 매진하기 위해 대동통일한다는 선언서를 발표하고 활동했다. 정의부는 교육을 보통·직업·사범 등 세 가지로 구분하고 직업교육은 농업·공업·상업으로 분류했다. 사범교육은 교원양성을 목적으로 했다.

이호원은 1929년 11월 화흥중학교 내에서 현익철, 현정경 등이 조선혁명당 창립총회를 개최할 때 참여하여 중앙집행위원에 선임되었고 이어 1930년 8월 신빈현 사첨에서 개최된 조선혁명당 제3회 중앙집행위원회에서 상무집행위원, 선전위원회 교양부 집행위원장 등의 요직을 맡았다. 그는 「만주정세」 등의 팸플릿과 선전전단을 만들어 돌리며 지역 교민을 항일운동의 지원세력으로 끌어올리는 등 세력 확장에 힘썼다. 1931년 중앙집행위원장 현익철이 일경에 체포되자 그 후임으로 중앙집행위원장 및 정치부 집행위원장에 선임되어 최고책임자로 조선혁명당을 이끌었다. 그러나 1932년 1월 조선혁명당의 진로 및 항일무장 투쟁의 방안을 모색하기 위해 조선혁명군 사령 김보안, 부사령 장세용 등과 함께 흥경현에서 회의를 개최하던 중 일본군의 급습을 받아 체포되고 말았다. 그는 1932년 11월 21일 신의주지방법원에서 징역 7년을 받아 옥고를 치렀다. 이호원은 2000년 건국훈장 독립장에 추서되었다.[21]

공주인으로 만주에서 활동한 김형동(金瀅東)도 있다. 그는 공주군 장기면 도계리 47번지에서 태어났다. 1915년 대종교의 서일·현천묵 등과 같이 항일운동을 전개했다. 이후 만주로 망명하여 1919년에는 북로군정서에 가입했다. 북로군정서는 서일·현천묵 등에 의해 창립된 것으로 무장투쟁을 위해 독립군을 조직하고 훈련하는 조직이었다. 북로군정서는 근거지를 중국 왕청현 서대파십리평 일대 약 1만 1,781m에 걸친 삼림지대에 두고 사관연성소를 설립하여 군사훈련을 실시했다. 여기에는 신흥무관학교의 도움이 컸다. 대표적으로 김좌진·이범석 등이 장교로서 활약했다.

북로군정서의 소총과 탄약

　　이때 김형동은 북로군정서 김좌진·이범석 등과 항일투쟁을 했
다. 김형동이 북로군정서에서 어떤 역할을 했는지는 정확하게 알려지지
않으나 이후 김좌진이 이끄는 북로군정서는 청산리 어귀인 화룡현 삼도
구에서 일본군과 전투를 벌여 승리했다. 1920년 10월 20일부터 23일까
지 10여 차례의 전투에서 대승을 거둔 이 전투를 청산리 대첩이라 한다.
이후 북로군정서는 일본군의 추격을 피해 다른 독립군 부대와 연해주로
이주하여 대한독립군단을 조직했으나 1922년 소련에 의해 무장해제되
었다.22)

　　김형동은 북로군정서에서의 활동을 뒤로하고 중국 운남육군
강무학교 기병과에 입학했다.23) 1924년에 졸업한 뒤 이듬해부터 상하이

에서 철혈단 단장으로 활동했다. 철혈단은 1920년 초 나창헌·노무용·황학선·김기원·김재희 등이 임시정부의 개선을 주장하며 조직한 단체였다. 철혈단은 "철과 혈로써 독립을 완수해야 한다"는 무력 투쟁적인 방법을 견지했다.[24]

김형동이 북로군정서에서의 활동과 운남육군강무학교 수학을 결정했듯이 무장투쟁적인 독립운동 방략이 그대로 이어져 그를 철혈단 단장으로 이끈 것으로 보인다. 그러나 철혈단 자체의 활동기간이 길지 않기에 김형동 역시 새로운 활동 방향을 모색할 필요가 있었다. 그는 1937년 입국 도중 일경에 체포되는가 하면 창씨개명을 거부하여 일제의 탄압을 받았다. 광복 후에는 임시정부 광복군 예비대대의 총사령직을 맡아 치안 유지 등의 활동을 했다. 김형동은 1968년 대통령표창에, 1991년 건국훈장 애족장에 추서되었다.[25]

이 외에 강범진(康范鎭)의 활동도 있다. 그는 공주군 유구면 426번지에서 태어나 강대규라는 이름으로도 불렸다. 1927년 만주로 망명하여 독립군에 가담했으며 1932년 중국 항일구국군 총사령부 특무소위로 활약했다. 1933년 3월 흑룡강성 통하현에서 중국군과 합작하여 작전을 수행했으나 마점산이 만주군에 투항함으로써 체포되었다. 이에 1933년 3월 20일 신의주지방법원에서 징역 2년 6월 형을 받고 신의주형무소에서 옥고를 치렀다. 이를 끝으로 만주에서의 활동은 접고 상하이로 건너가 한국독립당에서 활동했다. 광복 이후 고국으로 돌아와 한국독립당 행정자치대표위원을 지냈다. 정부는 1990년 강범진에게 건국훈장 애족장을 추서했다.[26]

2

일본에서
독립을 외치다

공주인의 국외 독립운동 근거지는 주로 중국 지역에 집중되어 있다. 그러나 조선을 식민지배하는 일본 내에서도 독립운동을 벌였는데, 대표적인 인물로 오익표와 김만제, 정낙진이 있다. 오익표는 앞서 '대한민국 임시정부에서 활동한 인물'로 소개한 바 있다. 그는 공주면 대화정에 있던 사립 기독교 학교인 영명학교와 서울 감리신학교를 졸업하고 일본 도쿄의 청산학원에 재학했다. 오익표는 재학 중이던 1918년에 항일운동을 했다고 알려져 있는데, 정확히 어떤 활동을 했는지는 자료를 확인할 수 없다.

다만 귀국 후 1919년 3·1운동이 일어나자 3월 24일 모교인 영명학교에서 교사이던 김관회와 현석칠·안창호·이규상·안성호·현언동·김사현 등과 회합하여 전국 각 지방에서 벌어지고 있는 독립운동의 정세를 분석, 협의한 결과 공주의 만세시위를 장날인 4월 1일로 잡아 결행하기로 합의한 것은 분명하다.[27] 이러한 오익표의 항일 의지를 보았을 때 일본

유학시절 항일활동을 펼친 것은 분명해 보인다.

　　오익표는 일본과 국내에서의 독립운동을 끝으로 중국 상하이, 그리고 러시아령 지역으로 망명하여 독립투쟁을 이어나갔다. 만세운동 후 상하이로 망명하여 임시정부의 임시의정원 충청도 의원에 선임되었다. 같은 해 5월 4일에는 상하이한인청년회 내에 청년단을 조직하고 통신부장으로 활동했다. 5월에 열린 제4회 임시의정원 회의에서는 충청도 구급 의연금모집위원으로 선출되어 활동했다.28)

　　1919년 8월에는 러시아령 우수리스크의 한민학교에서 조직한 전국청년연합회에서는 부회장으로서 회장인 유영락 등과 함께 항일운동을 계속했다. 그 후 그는 소성학교를 설립해 운영하던 중 러시아에서 서거했다. 오익표는 1968년 대통령표창에 추서된 데 이어 1991년 건국훈장 애국장에도 추서되었다.29)

　　일본에서의 독립운동을 이어 나간 공주인은 김만제(金萬濟)이다. 김만제는 공주군 계룡면 경천리 62번지 출신으로 논산군과 공주군을 접한 계룡산 아래에 사회단체가 없음을 유감스럽게 생각하고 1928년 1월 12일 용상청년회 창립준비위원회를 개최하여 창립 규약 초안 및 의안 작성위원으로 선출되었다. 이후 일본에 건너가 고베중앙신학교에 입학하여 신학공부를 했다. 김만제는 재학 당시 조선 민족의 진실한 행복은 일제의 지배로부터 벗어나 독립하는 데 있다고 믿었다. 조선인 재학생인 김영창 등 5명은 김만제의 생각에 공감하고 일제가 주장하는 내선일체 등

경천감리교회 공주 지방 종교교육수양회 기념사진(첫줄 우측 네 번째가 김만제)

의 정책이 한국인의 민족의식과 독립정신을 말살하고 있음을 간파했다. 또한 이들은 일제가 만주사변·중일전쟁 등 침략전쟁으로 종국에는 국력이 쇠퇴할 것이며 미국을 비롯한 연합국의 승리로 세계전쟁이 끝날 것임을 예견했다. 이때를 한민족이 독립할 절호의 기회로 보았다.

김만제와 신학생들은 이러한 전망을 같은 유학생들에게 전파해 항일의식을 심었다. 이들은 고베중앙신학교의 교정과 신문실, 기타 장소에서 한국인 신학생의 집회 또는 친목회 등을 열어 민족의식을 일깨우고 북돋는 활동을 했다. 교정에서 신학생들에게 조선일보 및 동아일보의 폐쇄는 일본 정부가 한글을 말소하고 조선 민족의 멸망을 목적으로 하는 것이라며, 이러한 총독 정치가 결과적으로 반일정신을 격발하고 독립정신을 드높여 민족의식을 고취하는 것이라고 주장했다.

그 구체적인 사례를 열거하면, 1940년 봄에는 교정에서 독립운동을 하던 이광수가 제일 먼저 가야마 미쓰로라고 창씨개명한 것에 대해 매국노 행위로 비판했다. 이듬해 1월에는 교정에서 신학생들에게 조선총독 3대 박멸 정책을 알리며 민족독립의 정신을 드높이는 데 힘썼다. 학생들 사이에서는 일본과 미국 관계가 악화될 무렵부터 정세를 논의하면서 전쟁은 불가피하다고 판단했다. 이들은 일본의 경제 상태 및 현재의 국력으로 미루어 보아 미국의 승리는 결정적이라고 보고 일본의 패전을 희망하며 서로 조선의 독립 실행에 대하여 논의했다. 또한 중국에서 활동 중인 독립운동자의 동정을 살피고 그들의 단체가 힘이 약해 조직적인 것은 못 되지만 장래 크게 기대할 것이 있다고 말하며 독립운동자를 찬양하고 한국 독립에 대하여 협의했다.30)

1940년 10월 6일 대판전변교회 및 명석교회에서 신자들에게 바빌로니아에서의 유대인 노예 생활을 일본에서의 한국인과 비교하며 민족의식을 고양하고자 했다. 김만제는 1941년 일제가 태평양전쟁을 일으키며 재일 한인 유학생을 탄압할 때 일경에 체포되었다. 일제 경찰의 취조를 받던 중 병을 얻어 1942년 4월 2일 석방되었다. 정부는 2008년 김만제에게 대통령표창을 추서했다.31)

김만제의 활동에 이어 일본 내에서 좀 더 적극적인 독립운동을 전개한 공주인 출신의 독립운동가가 있다. 바로 정낙진(鄭洛鎭)으로 그는 일본 내에서의 투탄활동을 계획한 인물이다. 공주군 장기면 송원리 683번지에서 태어난 그는 독립된 국가를 경험한 적 없는 식민지 조선의 아들이었다. 그는 일본 도쿄로 유학을 떠나 도쿄철도학교에 재학하던 1941년 12월, 항일비밀결사인 '우리조선독립그룹'에 가입했다. 이때 현창석과의 교류를 통해 독립의식을 기르게 되었다. 이들은 앞서 고베중앙신학교 신학생들이 예견했듯이 태평양전쟁의 장기화에 따른 국제정세 속에서 일제의 패망을 점쳤다. 그리고 이때가 독립할 수 있는 기회로 보고 이를 위해선 조선 민중을 먼저 규합하여 일제히 들고 일어나야 한다고 생각했다. 이는 계획으로 옮겨져서 도쿄와 정낙진의 고향인 공주 지역을 연계하여 동일한 조직을 결성한 다음 서로 호응하여 독립운동을 하자고 합의했다.

이들이 계획한 활동 방략은 주요 건물의 파괴 및 식량창고 방화, 수도 및 도로를 파괴함으로써 일본의 혼란을 더욱 가중시키는 데 있었다. 그러나 회원별로 활동구역을 분담한 뒤 계획을 추진하는 과정에서 일경에 발각되고 말았다.[32] 정낙진은 1942년 3월 체포되어 혹독한 고문을 받았다. 이때 그는 정신장애를 일으켜 도쿄시립정신병원에 입원하는 등 고초를 겪었다. 정낙진은 1983년 대통령표창을, 1990년 건국훈장 애족장을 받았다.[33]

공주 출신 독립운동가들이 주로 활동한 국외 지역은 중국이었다. 중국은 1910년대부터 1945년 광복을 맞이하기까지 우리나라 독립운동의 본산으로 불리던 곳이다. 중국 내 독립운동의 계열은 임시정부와 만주 독립군으로 크게 구분된다. 공주인들 역시 상하이에서 임시정부에 참여하는가 하면 만주로 망명하여 독립군 기지 건설에 이바지하거나 직접 독립군이 되어 일제와 맞섰다. 대표적인 인물로는 임시정부에서 활동한 이춘구·장수태·오익표·윤태현과 만주 방면에서 활동한 이관직·이은숙·이호원·김형동·강범진이 있다. 이들은 이관직과 이은숙 외에는 서로 관계를 맺고 활동한 것으로는 보이지 않는다. 다만 이 당시 중국 방면에서 대표적인 독립운동 계열이 임시정부와 만주 독립군이었음을 보았을 때 공주인들의 활동 대상지가 중국 방면에 집중되는 것은 당연해 보인다.

오익표와 김만제, 정낙진은 일본 지역에서 활동한 공주 출신 독립운동가들이다. 특히 김만제와 정낙진은 일제강점기에서 태어나 독립된 국가를 경험해본 적이 없었다. 그럼에도 불구하고 투철한 항일정신으로 유학 간 일본에서 한국인에게 항일의지를 힘써 심어주고 독립정신을 고취시키는 데 힘을 쏟았다. 다른 국가보다 침략국인 일본에서의 활동이라는 점에서 이들의 독립정신은 우리에게 많은 시사점을 준다.

대한민국 임시정부 환국 기념 1945.11.3. 중칭임시정부 청사(백범김구서생기념사업협회 제공)

공주인의
1920년대 이후 국외 독립운동_주

---

1)   독립운동사편찬위원회, 「독립운동사자료집」 7, 고려서림, 1984, 1276쪽.

2)   김은지, 「대한민국 임시정부 초기의 지방자치제 시행과 지방행정관청 운영 –
      '연통제'와 '연통부'를 중심으로-」, 「역사와담론」 91, 호서사학회, 2019.

3)   조규태, 「박용만의 중국에서의 민족운동」, 「한국민족운동사연구」 45,
      한국민족운동사학회, 2005.

4)   판결문(경성지방법원:1921. 12. 14); 이춘구 공훈록(국가보훈처,
      「독립유공자공훈록」 21, 2014.

5)   독립운동사편찬위원회, 「독립운동사자료집」 9, 고려서림, 1984, 1134쪽.

6)   독립운동사편찬위원회, 「독립운동사자료집」 9, 51쪽.

7)   오익표 공훈록(국가보훈처, 「독립유공자공훈록」 5, 1988.

8)   윤병석, 「한국독립운동의 역사 : 1910년대 국외항일운동I-만주·러시아」 16,
      독립기념관 한국독립운동사연구소, 2008, 123~124쪽.

9)   오익표 공훈록(국가보훈처, 「독립유공자공훈록」 5, 1988.)

10)   독립운동사편찬위원회, 「독립운동사」 6, 독립유공자사업기금운용위원회, 1975,
      230~231쪽.

11)   김광재, 「한국독립운동의역사 : 한국광복군」 52, 독립기념관 한국독립운동사
      연구소, 2008, 33~38쪽.

12)   독립운동사편찬위원회, 「독립운동사」6, 407·496·501쪽.

13)   이관직 공훈록(국가보훈처, 「독립유공자공훈록」 9, 1991.)

14)   「금가수리력서」, 「기밀서류철(정부기록보존소 부산지소 소장).

15)   『황성신문』 1908년 9월 27일 잡보 「협동창립」 ; 『황성신문』 1909년 11월 28일
      잡보 「협동진보」.

16)   김희곤, 「안동사람들이 만주에서 펼친 항일투쟁」, 지식산업사, 2011.

17)   독립운동사편찬위원회, 「독립운동사」 8, 고려서림, 1984, 361쪽.

18)   이관직 공훈록(국가보훈처, 「독립유공자공훈록」 9권, 1991.)

19)   김명섭, 「한국의 독립운동가들 : 이회영」, 역사공간, 2008.

20)   이은숙, 『민족운동가 아내의 수기』, 정음사, 1975.

21)   강진영, 「이호원의 민족운동 연구」, 「한국민족운동사연구」 70, 한국민족운동사학회, 2012.

22)   김승학, 『한국독립운동사』, 독립문화사, 1965.

23)   필업증서(운남육군강무학교 제17기 기병과, 1924. 9.)

24)   일본외무성, 「불령단관계잡건-선인의 부-재상해지방 3」, 「상해가정부와 철혈단에 관한 건 2」(1920년 07월 31일)

25)   김형동 공훈록(국가보훈처, 「독립유공자공훈록」 4, 1987.)

26)   강범진 공훈록(국가보훈처, 「독립유공자공훈록」 4, 1987.)

27)   독립운동사편찬위원회, 「독립운동사자료집」 5, 1138~1140쪽.

28)   국회도서관, 「한국민족운동사료 : 중국편」, 1976, 40~44쪽.

29)   오익표 공훈록(국가보훈처, 「독립유공자공훈록」 5, 1988.)

30)   독립운동사편찬위원회, 「독립운동사자료집」 13, 1338~1340쪽.

31)   김만제 공훈록(국가보훈처, 「독립유공자공훈록」 19, 2010.)

32)   독립운동사편찬위원회, 「독립운동사자료집」 별집3, 183~188쪽.

33)   정낙진 공훈록(국가보훈처, 「독립유공자공훈록」 8, 1988.)

공주를 빛낸
독립운동가 101인

공주 독립유공자 101인

순번	성 명	한자명	운동계열	활동내역	포상년도	포상훈격	본적(출생지)
1	강덕보	姜德保	의병	이관도의진 활동	2016	애국장	익구곡 경천
2	강범진	康范鎭	만주방면	만주 독립군 활동	1990	애족장	유구
3	강태윤	姜泰崙	3·1운동	의당 만세운동	2011	대통령표창	의당 중흥
4	강태하	姜泰河	3·1운동	유구 만세운동	1995	대통령표창	신상 덕곡
5	강혁주	姜赫周	3·1운동	의당 만세운동	2010	대통령표창	의당 도신
6	고영국	高泳國	국내항일	청림교 활동	2008	대통령표창	주외 금학
7	구무언	具茂彦	국내항일	항일의식 고취 활동	1995	건국포장	의당 도신
8	구자훈	具滋勳	학생운동	항일결사 클럽 조직	1990	애족장	의당 도신
9	권중윤	權重倫	3·1운동	유구 만세운동	2008	대통령표창	신상 녹천
10	김동식	金東植	3·1운동	의당 만세운동	2013	대통령표창	의당 덕학
11	김만제	金萬濟	일본방면	민족의식 고취 활동	2008	대통령표창	계룡 경천
12	김문주	金文柱	의병	문석봉의진 활동	2013	애족장	공주
13	김백룡	金白龍	3·1운동	의당 만세운동	2011	대통령표창	의당 중흥
14	김병헌	金秉憲	3·1운동	유구 만세운동	1990	애족장	신상 녹천
15	김사현	金士賢	3·1운동	공주읍내 만세운동	2019	대통령표창	공주 대화정
16	김삼룡	金三龍	3·1운동	정안 만세운동	2012	건국포장	정안 운궁
17	김상규	金相圭	3·1운동	유구 만세운동	2009	애족장	신상 유구
18	김순명	金順明	3·1운동	정안 만세운동	2010	대통령표창	정안 내촌
19	김영휘	金永暉	3·1운동	의당 만세운동	2011	대통령표창	의당 덕학

순번	성 명	한자명	운동계열	활동내역	포상년도	포상훈격	본적(출생지)
20	김오룡	金五龍	3·1운동	정안 만세운동	2011	건국포장	목동 이인
21	김좌록	金左錄	3·1운동	유구 만세운동	1995	대통령표창	신하 백교
22	김지성	金知成	3·1운동	유구 만세운동	2002	대통령표창	신상 신영
23	김현경	金賢敬	3·1운동	공주읍내 만세운동	1998	건국포장	공주 본정
24	김형동	金瀅東	만주방면	북로군정서 활동 등	1991	애족장	장기 도계
25	노규현	盧奎鉉	3·1운동	정안 만세운동	2006	대통령표창	정안 전평
26	노사문	盧士文	3·1운동	의당 만세운동	2010	대통령표창	의당 중흥
27	노상우	盧相羽	3·1운동	유구 만세운동	1995	대통령표창	신하 조평
28	노섭	盧燮	국내항일	우리조선독립그룹 결성	1991	애국장	사곡 신영
29	노성삼	盧聖三	의병	후기의병 활동	2017	애국장	우정 월덕
30	노예달	盧禮達	3·1운동	서울 만세운동	2014	대통령표창	계룡 경천
31	노원섭	盧元燮	의병	중기의병 활동	1977	독립장	우성 동곡
32	노치흠	盧致欽	의병	후기의병 활동	2017	애국장	우정 상촌
33	문백룡	文白龍	3·1운동	정안 만세운동	2007	건국포장	사곡 유룡
34	박명렬	朴命烈	학생운동	공주고보 동맹휴학	1993	건국포장	공주 욱정
35	박윤근	朴潤根	3·1운동	의당 만세운동	2011	대통령표창	의당 중흥
36	박준빈	朴準斌	3·1운동	유구 만세운동	1990	애족장	공주 교동
37	박한용	朴漢用	3·1운동	정안 만세운동	2010	대통령표창	정안 운궁
38	백세기	白世基	학생운동	항일 학생결사 활동	1990	애족장	계룡 부암

순번	성 명	한자명	운동계열	활동내역	포상년도	포상훈격	본적(출생지)
39	서순석	徐淳錫	3·1운동	정안 만세운동	2010	대통령표창	정안 석송
40	신필범	愼弼範	3·1운동	의당 만세운동	2017	대통령표창	의당 태산
41	심원택	沈源澤	계몽운동	동우회 조직 및 활동	1990	애국장	사곡 호계
42	안만길	安萬吉	3·1운동	유구 만세운동	2006	대통령표창	유구 신달
43	안병두	安秉斗	국내항일	농민운동, 소년운동	2005	건국포장	주외 옥룡
44	오강표	吳剛杓	계몽운동	자결 순국	1962	독립장	사곡 월가(출생)
45	오익표	吳翼杓	임시정부	임시정부 의정원 활동	1991	애국장	주외 옥룡
46	유석우	柳錫瑀	3·1운동	유구 만세운동	1992	대통령표창	신하 만천
47	유진태	俞鎭台	3·1운동	유구 만세운동	2006	대통령표창	신하 조평
48	윤명재	尹明在	국내항일	사회주의 독서회 조직	2010	애족장	의당 청룡
49	윤석영	尹奭榮	국내항일	독립운동 자금 모집	2013	대통령표창	우성 봉현
50	윤여복	尹汝福	중국방면	민족혁명당 활동	1990	애족장	탄천 덕지
51	윤원식	尹元植	3·1운동	정안 만세운동	2006	건국포장	정안 운궁
52	윤창선	尹昌善	3·1운동	유구 만세운동	2011	대통령표창	신상 석남
53	윤태현	尹泰鉉	광복군	임시정부 광복군 활동	1999	애국장	장기 하봉
54	이건우	李建雨	3·1운동	의당 만세운동	2010	대통령표창	의당 청룡
55	이관직	李觀稙	만주방면	신흥무관학교 활동	1990	독립장	정안 사현
56	이규남	李圭南	3·1운동	공주읍내 만세운동	2004	대통령표창	주외 금학
57	이규상	李圭尙	3·1운동	공주읍내 만세운동	2004	대통령표창	주외 금학
58	이기한	李綺漢	3·1운동	정안 만세운동	1990	애국장	정안 석송
59	이덕경	李德慶	의병	후기의병 활동	2018	애국장	충남 공주

순번	성 명	한자명	운동계열	활동내역	포상년도	포상훈격	본적(출생지)
60	이동엽	李東葉	3·1운동	정안 만세운동	1990	애족장	정안 석송
61	이문협	李文協	국내항일	청림교 활동	2009	대통령표창	사곡 회학
62	이병림	李秉霖	3·1운동	정안 만세운동	1991	애국장	정안 석송
63	이사건	李士乾	의병	후기의병 활동	1996	애국장	성두 덕암
64	이상구	李相龜	의병	후기 홍주의병 활동	1990	애국장	우성 보흥
65	이상래	李祥來	국내항일	항일군자금 모집 활동	2018	건국포장	탄천 신영
66	이상욱	李象旭	3·1운동	의당 만세운동	2010	대통령표창	의당 청룡
67	이승현	李升鉉	3·1운동	유구 만세운동	1990	애족장	공주 유구
68	이영한	李暎漢	3·1운동	정안 만세운동	2010	대통령표창	정안 운궁
69	이우상	李雨相	3·1운동	유구 만세운동	2005	대통령표창	신상 신달
70	이원선	李元善	의병	후기의병 활동	1991	애국장	성내 봉촌
71	이원오	李元吾	의병	후기의병 활동	1995	애국장	성내 봉촌
72	이은숙	李恩淑	중국방면	독립운동 활동 지원	2018	애족장	정안 사현
73	이정춘	李正春	3·1운동	유구 만세운동	2011	애족장	신상 유구
74	이철영	李喆榮	국내항일	호적 입적 거부	1990	애족장	계룡 상왕
75	이철하	李哲夏	학생운동	공주고보 동맹휴학	1993	애국장	주외 신기
76	이춘구	李春求	중국방면	임시정부 연통제 활동	2012	애족장	장기 평기
77	이춘성	李春成	의병	후기의병 활동	1991	애국장	남부 고상아
78	이학순	李學純	계몽운동	자결 순국	1962	독립장	공주
79	이학현	李學鉉	의병	후기의병 활동	2013	애족장	공주 북 산방
80	이호원	李浩源	만주방면	광한단, 조선혁명단 활동	2000	독립장	장기 월송

순번	성 명	한자명	운동계열	활동내역	포상년도	포상훈격	본적(출생지)
81	이홍규	李弘珪	3·1운동	유구 만세운동	1993	대통령표창	유구 녹천
82	장기현	張基鉉	3·1운동	정안 만세운동	2003	대통령표창	정안 석송
83	장남일	張南一	의병	후기의병 활동	2015	건국포장	공주 북 마항
84	장수태	張壽泰	임시정부	임시정부 자금 모집	2009	애족장	공주 대화정
85	장춘섭	張春燮	국내항일	청림교 활동	2005	대통령표창	사곡 회학
86	전정길	全鼎吉	3·1운동	정안 만세운동	1992	대통령표창	정안 석송
87	정낙진	鄭洛鎭	일본방면	우리조선독립 그룹 활동	1990	애족장	장기 송원
88	정재철	鄭在喆	3·1운동	정안 만세운동	2008	건국포장	정안 석송
89	조병옥	曹秉玉	3·1운동	유구 만세운동	1995	대통령표창	신하 만천
90	조석홍	曹錫洪	국내항일	청림교 활동	2010	대통령표창	사곡 회학
91	조재형	趙在衡	3·1운동	의당 만세운동	2017	대통령표창	의당 수촌
92	최경휴	崔卿休	의병	이관도의진 활동	2016	애족장	신상 탑립
93	최범성	崔範聲	3·1운동	정안 만세운동	2019	대통령표창	정안 운궁
94	최병한	崔炳瀚	3·1운동	정안 만세운동	2011	대통령표창	정안 운궁
95	최태식	崔泰植	3·1운동	정안 만세운동	1990	애족장	정안 내촌
96	현우석	玄宇錫	3·1운동	유구 만세운동	2011	애족장	신상 유구
97	현창석	玄昌碩	국내항일	우리조선독립 그룹 결성	1990	애족장	장기 송원
98	홍사철	洪泗哲	3·1운동	정안 만세운동	2010	애족장	정안 운궁
99	황병주	黃秉周	3·1운동	유구 만세운동	1990	애족장	신상 추계
100	황연성	黃璉性	3·1운동	유구 만세운동	1990	애족장	신하 백교
101	황타관	黃他官	3·1운동	정안 만세운동	1995	건국포장	정안 운궁

(부록) 공주 옛 지명과 현재 지명 알림표

옛 지명	현재 지명	비고
용당, 용당리	웅진동	
신상면	유구읍	
목동, 목동면	이인면	
익구곡면	계룡면	
대장리	하대리	
대화정	중학동	
상반정	봉황동	
욱정	반죽동	
주외, 주외면		공주의 남부면이 1914년 행정개편됨, 1938년까지 존속
쌍신리	쌍신동	
주외면 소학리	소학동	
주외면 신기리	신기동	
옥룡리	옥룡동	
장기면 월송리	월송동	
익구곡 경천리	경천리	
유구면	유구읍	
주외면 금학리	금학동	
원당리	고당리	고당리의 행정구역
우정면	우성면	
학룡면 경천리		계룡면 경천리로 추정
주외면 옥룡리	옥룡동	
신하면	신풍면	
탄천면 신영리	이인면 신영리	
남부면 고상아리	중학동	조선말 공주는 동부면과 남부면으로 관할
공주면 대화리		1914년~1931년 공주면 존속, 이후 공주읍으로 승격
장기면 송원리		현 세종시 가람동으로 추정

참고문헌

공주인의 한말 의병전쟁

- 김상기, 「1906년 홍주의병의 홍주성전투」, 『한국근현대사연구』37, 한국근현대사학회, 2006.
- 김상기, 「김복한의 홍주의병과 파리장서 운동」, 『대동문화연구』 39, 대동문화연구원, 2001.
- 김상기, 「조선말 문석봉의 유성의병」, 『역사학보』 134·135, 역사학회, 1992.
- 김상기, 『호서유림의 사상과 민족운동』, 지식산업사, 2016.
- 독립운동사편찬위원회, 『독립운동사자료집』3, 1970.
- 박민영, 「한말 의병의 대마도 피수 경위에 대한 연구」, 『한국근현대사연구』37, 한국근현대사학회, 2006.
- 박철희, 윤용권 외, 『충절의 고장 공주지역 항일독립운동사』, 고구려, 2007.
- 송용재, 『홍주의병실록』, 홍주의병유족회, 1986.
- 지수걸, 『한국의 근대와 근대사람들』, 공주문화원, 1999.

한말 공주 지역 교육계몽운동과 국채보상운동

- 『독립신문』, 『황성신문』, 『대한매일신보(국한문혼용판)』, 『대한매일신보(한글판)』, 『만세보』, 『동아일보』.
- 『기호흥학회월보』.
- 국채보상기념사업회, 『국채보상운동기록물-취지서·발기문』 1, 2017.
- 공주시지편찬위원회, 『공주시지』 상권, 2002.
- 공주영명중·고등학교, 『영명90년사』, 영명90년사편찬위원회, 1997.
- 공주영명중·고등학교, 『영명100년사』, 영명100년사편찬위원회, 2007.
- 김영우, 『한국 개화기의 교육』, 교육과학사, 1997.
- 김정섭, 『인물로 본 공주역사 이야기』, 메디치미디어, 2016.
- 김형목, 『대한제국기 야학운동』, 경인문화사, 2005.
- 김형목, 『김광제, 나랏빚 청산이 독립국가 건설이다』, 도서출판 선인, 2012.
- 김형목, 『대한제국기 충청지역 근대교육운동』, 경인문화사, 2016.
- 김형목, 『충청도 국채보상운동』, 도서출판 선인, 2016.
- 김형목, 『배움의 목마름을 풀어준 야학운동』, 서해문집, 2012.

- 대구상공회의소,『국채보상운동사』, 1997.
- 이승윤,『대한제국기 불교계의 동향과 국권회복운동』, 충남대박사학위논문, 2019.
- 충청남도,『역사 속의 충남 여성』, 충청남도역사문화연구원, 2017.
- 충청남도,『충남 여성의 삶과 자취』, 충청남도역사문화연구원, 2017.
- 김형목,『애국계몽운동』,『충청남도지(근대)』8, 충청남도지편찬위원회, 2008.
- 김형목,『충남지방 국채보상운동의 전개양상과 성격』,『한국독립운동사연구』35, 독립기념관 한국독립운동사연구소, 2010.
- 김형목,『국채보상운동에서 21세기 국민통합을 모색하다』,『국채보상운동과 여성구국운동의 재조명』, 천지당, 2017.
- 김형목,『사애리시』,『충남 여성의 삶과 자취』, 충청남도역사문화연구원, 2017.
- 이승윤,『불교계의 국채보상운동 참여와 성격』,『한국근현대사연구』83, 한국근현대사학회, 2017.
- 조성진,『충남지역 근대교육 산실인 공주 영명학교』,『독립기념관』285, 독립기념관, 2011.

1910년대 공주인의 독립운동과 자결순국 투쟁

- 이상익,『성암선생의 역사적 평가와 재조명』,『성암선생의 역사적 평가와 재조명 학술대회 발표문』, 2017.
- 이성우,「1910년대 독립의군부의 조직과 활동」,『역사학보』224, 역사학회, 2014.
- 김상기,「1910년대 지방유생의 항일투쟁」,『대한민국 임시정부 수립 80주년 기념논문집』, 1999.
- 박철희, 윤용권 외,『충절의 고장 공주지역 항일독립운동사』, 고구려, 2007.
- 백원철,「한말·일제초기 지방유생의 배일의식과 저항행동의 양상 - 성암 이철영을 중심으로」,『한문학보』21, 우리한문학회, 2009.
- 윤정란,「일제시대 청림교의 활동과 성격」,『한국민족운동사연구』29, 한국민족운동사학회, 2001.
- 이성우,「이학순·이내수 부자의 민족운동」,『한국사연구』166, 한국사연구회, 2014.
- 지수걸,『한국의 근대와 근대사람들』, 공주문화원, 1999.
- 촌산지순,『조선의 유사종교』, 1935(계명대출판부, 1990).
- 한철호,「무이재 오강표(1843~1910)의 생애와 항일순국」,『사학연구』75, 한국사학회, 2004.

공주의 3·1독립운동

- 「판결문」.
- 「대정8년 소요사건에 관한 도장관보고철 7책의 내2」.
- 「대정8년내지동10년 조선소요사건관계서류 공7책기7」.
- 「대정8년내지동10년 조선소요사건관계서류 공7책기1」.
- 「불령단관계잡건 조선인의 부 재내지3」.
- 『매일신보』.
- 『동경조일신문』.
- 『신한민보』.
- 독립운동사편찬위원회,『독립운동사』(3권)-3·1운동사(하), 1971.
- 국회도서관,『한국민족운동사료』(삼·일운동편기일), 1977.
- 국사편찬위원회,『대한민국임시정부자료집』7-한일관계사료집(자료집제4), 2005.
- 김진호·박이준·박철규,『한국독립운동의 역사』20권-국내3·1운동Ⅱ(남부), 한국독립운동사편찬위원회·독립기념관 한국독립운동사연구소, 2009.
- 공주군청,『공주군지』, 1988.
- 공주문화원 향토문화연구소,『공중의 맥』, 1992.
- 공주향토문화연구소,『웅진문화』2·3합집, 1990.
- 공주영명중·고등학교,『영명100년사』, 2007.
- 김진호,「공주지역의 3·1운동」,『공주의 역사와 문화』, 공주대학교 박물관·충청남도 공주시, 1995.
- 김진호,『충남지방 3·1운동 연구』, 충남대학교 박사학위논문, 2002.
- 김진호,「충남지방의 3·1운동」,『충청남도지』제9권(일제강점기), 충청남도지편찬위원회, 2006.
- 김진호,「충남지방의 횃불독립만세운동」,『3·1운동의 역사적 의의와 지역적 전개』, 한국사연구회편, 2019.

공주의 1920~30년대 국내 독립운동

- 「안병두 판결문」(소화8년형공제24호, 1933년 2월 16일).
- 「이용하 판결문」(소화9년형공제55호, 1934년 3월 12일).

- 『동아일보』
- 『조선일보』
- 『중외일보』
- 안재하당, 『충청남도발전사』, 호남일보사, 1932.
- 공주고등학교60년사편찬위원회, 『공주고60년사 1982』, 공주고등학교, 1982.
- 공주대학교박물관 · 충청남도 공주시, 『공주의 역사와 문화』, 학연문화사, 1995.
- 공주시지편찬위원회, 『공주시지』 상 · 하, 공주시지편찬위원회, 2002.
- 김경일, 『한국독립운동의 역사 28』(노동운동), 독립기념관 한국독립운동사연구소, 2008.
- 김용달, 『한국독립운동의 역사 28』(농민운동), 독립기념관 한국독립운동사연구소, 2009.
- 박성섭, 「1920~30년대 공주지역의 농민운동」, 『한국독립운동사연구』 68, 한국독립운동사연구소, 2019.
- 박철하, 『한국독립운동의 역사 30』(청년운동), 독립기념관 한국독립운동사연구소, 2009.
- 신용하, 「조선노동공제회의 창립과 노동운동」, 『한국사회사학회논문집』 3, 문학과 지성사, 1986.
- 신용하, 『한국독립운동의 역사 46』(신간회의 민족운동), 독립기념관 한국독립운동사연구소, 2007.
- 장규식, 『한국독립운동의 역사 28』(1920년대 학생운동), 독립기념관 한국독립운동사연구소, 2009.
- 지수걸, 『일제하 농민조합운동 연구』, 역사비평사, 1993.
- 지수걸, 『한국의 근대와 공주사람들』, 공주문화원, 1999.
- 허 종, 「1920년대 충남지역의 청년운동」, 『역사와 담론』 55, 호서사학회, 1991.

공주인의 1920년대 이후 국외 독립운동

- 국회도서관, 『한국민족운동사료 : 중국편』, 1976.
- 독립운동사편찬위원회, 『독립운동사』 6 · 9권, 독립유공자사업기금운용위원회, 1975.
- 독립운동사편찬위원회, 『독립운동사자료집』 5 · 7 · 9 · 13 · 별집3, 고려서림, 1984.
- 국가보훈처, 『독립유공자공훈록』 5 · 8 · 9권, 1987~2010.
- 김승학, 『한국독립운동사』, 독립문화사, 1965.
- 이은숙, 『민족운동가 아내의 수기』, 정음사, 1975.
- 김광재, 『한국독립운동의역사 : 한국광복군』 52, 독립기념관 한국독립운동사연구소, 2008.
- 김명섭, 『한국의 독립운동가들 : 이회영』, 역사공간, 2008.

참고문헌

- 김희곤, 『안동사람들이 만주에서 펼친 항일투쟁』, 지식산업사, 2011.
- 윤병석, 『한국독립운동의 역사 : 1910년대 국외항일운동 I-만주·러시아』 16, 독립기념관 한국독립운동사연구소, 2008.
- 강진영, 「이호원의 민족운동 연구」, 『한국민족운동사연구』 70, 한국민족운동사학회, 2012.
- 조규태, 「박용만의 중국에서의 민족운동」, 『한국민족운동사연구』 45, 한국민족운동사학회, 2005.

공주독립운동사

2020년 3월 1일 초판 1쇄 발행

지 은 이	김진호 · 김형목 · 김은지 · 이성우 · 박성섭
엮 은 이	정을경
기 획	공주시
펴 낸 이	박해진
펴 낸 곳	도서출판 학고재
등 록	2013년 6월 18일 제2013-000186호
주 소	서울시 마포구 새창로 7(도화동) SNU장학빌딩 17층
전 화	02-745-1722(편집) 070-7404-2810(마케팅)
팩 스	02-3210-2775
전자우편	hakgojae@gmail.com

ISBN 978-89-5625-393-0   03900